Selbstverwirklichung

Erkenne dich selbst
und verwirkliche
deinen Lebenssinn

Elias Fischer

Webseite
www.LebeBlog.de/sv

Bestellen
shop.lebeblog.de/sv

Kontakt
buch@lebeblog.de

Danksagung
Anna Böhm
Daniela Beier
Ingrid Philipp
Franziska
Tobias & Sita

Illustration
Sandra Wiesthal

Druck
Prime Rate, Ungarn

1. Auflage
© Elias Fischer
Druckversion 1.1
Berlin im Januar 2018
Erstauflage September 2017
ISBN: 978-3-946454-05-2

Lebe dich selbst mit voller Hingabe an das Leben. Kompromisslos. Vertraue deiner inneren Wahrheit und der Spontanität des Lebens, um dich selbst zu verwirklichen.

Inhalt

Über dieses Buch ... 9
Wie du mit diesem Buch arbeitest ... 11

1 Was ist Selbstverwirklichung? ... 14

Selbstverwirklichung geschieht immer ... 16
Die innere Stimme der Richtigkeit ... 17
Ohne Energie kein Wachstum ... 18
Die Wünsche und Sehnsüchte als Wegweiser ... 19
Dem Herzen folgen ... 19

1.1 Das Leben geschehen lassen ... 21

Warum wir keine Kontrolle haben ... 22
Es gibt keine Sicherheit ... 25
Das Unbekannte ... 27

2 Selbsterkenntnis: Wach auf ... 30

2.1 Aufwachen aus der Illusion ... 31

2.2 Die Identifikationen mit dem Denken ... 34

2.3 Das erwachende Bewusstsein ... 37

Warum ist Bewusstheit so wichtig? ... 40
Glaubenssätze auflösen ... 41
Praktische vs. ich-hafte Gedanken ... 45

2.4	Dein höheres Selbst als Wegweiser ... 47
	Bewusstsein existiert nie ohne Grund ... 50
	Intuition als Kommunikationsmittel ... 51
	Das Spiel auf Erden und der freie Wille ... 53

3 Wahrnehmung: Komme jetzt an ... 58

3.1	Der einzig wahre Moment: Das Jetzt ... 61
3.2	Intuitive Impulse der Lebendigkeit ... 64
3.3	Wahrnehmung der Umwelt ... 66
3.4	Verstand: Gedanken beobachten ... 69
3.5	Körper: Empfindungen spüren ... 75
	Was können wir spüren? ... 77
	Die Energie im Körper verteilen ... 79
	Die Energie im Körper erhöhen ... 83
	Energieerhöhung durch Ernährung ... 85
	Energieblockaden lösen ... 86
3.6	Gefühlskörper: Gefühle fühlen ... 92
	Gefühle geschehen lassen ... 94
	Das Problem mit dem Gefühle-Unterdrücken ... 96
	Wie Heilung geschieht ... 97
	Die Angst vor den Gefühlen ... 100
	Wie Gefühle aufgebaut sind ... 101
	Wenn alles durchfühlt ist ... 104
	Die fünf Grundgefühle ... 105

Wie wir uns für Gefühle öffnen ... 108
Mit dem Körper arbeiten ... 110
Das Denken minimieren ... 111
Kurzanleitung für das Fühlen ... 116

3.7 Intuition: Der wichtigste Wegweiser ... 119
Das Gefühl der Richtigkeit und Stimmigkeit ... 121
Deinem Weg treu bleiben ... 125
Die Kanäle der Intuition ... 126
Der Unwissenheit vertrauen ... 126
Du bist nur der Co-Pilot ... 129
Wohin das Folgen der Intuition führt ... 131

3.8 Die einfachste Meditation ... 132

4 Wünsche: Erkenne, was du willst ... 138
Es geht nicht um Glücklichsein ... 139
Die Wichtigkeit der eigenen Leistung ... 141
Wie Fülle kommt ... 142
Die wahren Wünsche erkennen ... 143

4.1 Deine Sehnsucht ... 147

4.2 Deine Lebensvision ... 147

4.3 Absicht: Entscheide dich ... 152

**5   Resonanzgesetz:
    Erschaffe bewusst ... 157**

Das Leben als Spiegel ... 159

Wie Verletzungen entstehen ... 160

Die Kraft deiner Vorstellung ... 162

Das Jetzt ist auch Vergangenheit ... 166

Traum und Realität ... 166

Es geht um deinen Gefühlszustand ... 167

Die Falle der Selbstmanipulation ... 169

Wie dein höheres Selbst mitmischt ... 170

Das Wünschen in der Praxis ... 173

Schlusswort ... 177

Über den Autor ... 182

Ressourcenbereich zum Buch ... 183

Grundüberzeugungen auflösen ... 183

Atemmeditation ... 186

Online-Gefühlskurs ... 186

Wünsche und Ziele entdecken ... 186

Wünsche und Ziele Mindmap ... 188

Werteliste ... 190

Weitere Bücher ... 191

Dinge, die ich mit 18 gerne gewusst hätte ... 191

Dinge, die ich mit 21 gerne gewusst hätte ... 191

Übungsverzeichnis ... 192

Über dieses Buch

Mit dem Antrieb, meinen Sinn im Leben zu finden und das Leben zu verstehen begann für mich eine spannende Reise der Selbstentdeckung und der Erforschung des Lebens. Diese Reise wird auch niemals enden, denn das Leben ist ein magisches Konstrukt, das perfekt bis ins letzte Detail arbeitet.

Unsere Herausforderung als Mensch ist es dabei, diese Magie und uns selbst darin zu erkennen. Die Erkenntnisse meiner bisherigen Reise, wie man sich selbst am lebendigsten und wahrhaftigsten lebt, gebe ich gebündelt in diesem Buch mit vielen Übungen weiter.

Das Leben ist dazu da, sich selbst – seiner wahren Natur und Bestimmung – bewusst zu werden und den Ausdruck in der Welt zu finden, den sich der tiefste Kern in uns wünscht. Dies nenne ich Selbstverwirklichung und genau darum soll es hier gehen.

Es ist ein Weg, auf dem wir das Leben dazu nutzen, uns selbst mit Neugier zu erforschen, unser veranlagtes Potenzial zu entfalten und der Welt zur Verfügung zu stellen. Bewusstheit ist dabei der Schlüssel für tiefere Erkenntnisse über uns selbst und das Leben. Nichts geschieht grundlos und alles dient einem Zweck, auch wenn wir dies noch nicht sehen können.

Wir können uns selbst verwirklichen, wenn wir unser wahres Selbst erkannt haben. Das lernen wir über die innere Einkehr, die Selbstreflexion und die Lösung von der Identifikation mit den Gedanken. Dafür brauchen wir eine verfeinerte Wahrnehmung, mit der wir nicht nur die Lebendigkeit des Lebens erfahren können, sondern auch unsere wahren Wünsche.

Dies alles braucht seine Zeit, bis es endlich darum geht, die eigenen Herzenswünsche zu realisieren. Dafür nutzen wir eins der wichtigsten Lebensgesetze: das Resonanzgesetz. Das macht es uns einfacher, die Wünsche unseres Herzens zu verwirklichen und wir können die Funktionsweise des Lebens besser verstehen.

Der Weg der Selbstverwirklichung führt zu tieferer Zufriedenheit, Glück und Liebe. Liebe erscheint automatisch, wenn wir uns unserer wahren Natur bewusst werden, denn wir sind im Grunde Liebe. Zufriedenheit ist da, weil wir im Einklang mit dem Leben sind. Wir leben uns genau so, wie wir es von Herzen wollen und gleichzeitig nehmen wir das Leben komplett an, so wie es jetzt ist.

Mit diesem Buch bekommst du eine Anleitung zum Leben an die Hand, die alles verändern kann, indem du dich veränderst und das Leben mit allem lebst, was aus deinem Herzen entspringen möchte.

So wird das Leben zu einem Abenteuer, in dem du stets dazulernst und über dich selbst hinauswächst. Das Sammeln von neuen Erfahrungen und Erkenntnissen ist das, was uns wirklich interessiert und bereichert.

Wenn du bereit bist, das Leben mit Hingabe und Leidenschaft zu leben, bist du bereit für diesen Weg. Dieser Weg ist für mich die sinnvollste und erfüllendste Weise, das Leben zu leben.

Er beginnt mit dem Aufwachen aus dem Schlaf und dem Erkennen deiner wahren Natur, die auf deine Entfaltung wartet.

Lebe dich selbst.

Wie du mit diesem Buch arbeitest

Dieses Buch ist das zentrale Werk meiner Arbeit als Begleiter für Selbstverwirklichung. Alle Themen und Übungen, die für die Verwirklichung deines Selbst relevant sind, fasse ich hier prägnant zusammen.

Die Übungen

Wissen ist erst etwas wert, wenn du es in die Praxis umsetzt. Deshalb bist du dazu aufgerufen, die Übungen in jedem Kapitel zu **machen**. Dein zentrales Werkzeug dafür wird ein Journal sein – ein Buch mit leeren Seiten. So wirst du dich mit vielen unterschiedlichen Übungen immer wieder aufs Neue selbst reflektieren und dadurch deine innere Wahrheit erkennen.

Mache die Übungen in deinem Tempo. Wenn du Lust auf diese innere Arbeit hast, kannst du im Prinzip so viel machen, wie du willst. Für die Übungen, die du praktisch anwenden musst, ist oft Selbstdisziplin notwendig, die es für dich ebenfalls zu entfalten gilt.

> *Selbstverwirklichung beinhaltet, dass du in der Lage bist, dich eigenständig aus dir selbst heraus zu entfalten.*

Wie du am besten vorgehst

Die Themen des Buches sind chronologisch aufgebaut, so wie sich der Prozess der Selbstverwirklichung am besten entfaltet und zu den gewünschten Resultaten führt. Auch wenn du dich mehr für Themen im Buch interessierst, die im Buch später folgen, macht es für dein Verstehen mehr Sinn, dich chronologisch durch das Buch zu arbeiten.

Es ist aber auch nicht verboten, mit späteren Kapiteln zuerst zu beginnen. Solltest du jedoch etwas nicht verstehen, lies bitte erst das komplette Buch von vorne, bevor du Fragen stellst. Das Konzept der Selbstverwirklichung ergibt sich aus seiner Ganzheit.

Tiefergehende Bücher

Aufgrund der Prägnanz dieses Buches kann es sein, dass einige Fragen bleiben. Mehr zu den Themen findest du dabei in meinen vertiefenden Werken, die ich jeweils im Text immer wieder mit „**erstes Buch**" und „**zweites Buch**" erwähne:

1. **Dinge, die ich mit 18 gerne gewusst hätte**

   `www.LebeBlog.de/18`

2. **Dinge, die ich mit 21 gerne gewusst hätte**

   `www.LebeBlog.de/21`

Das erste Buch legt den Fokus dabei auf das geistige Bewusstwerden. In meiner spirituellen Entwicklung war dies ein erster und wichtiger Schritt. Es geht um das neutrale Beobachten dessen, was hier und jetzt geschieht, vor allem um das Wahrnehmen der Gedanken. Dazu gibt es Einblick in wichtige Lebensgesetze und zeigt, wie du auch mit der Ernährung deine Bewusstheit entwickeln kannst.

Das zweite Buch liefert die logische Fortführung dessen und konzentriert sich auf die Arbeit mit dem Körper und den Gefühlen. Auch hier können wir uns von Identifikationen lösen, Frieden mit der Vergangenheit schließen und uns heilen. Das Buch gibt dir dazu tiefere Ansätze, das Leben spirituell zu erfahren. Zudem beinhaltet es einen Teil, der das Thema „Liebe & Partnerschaft" behandelt.

In Kontakt sein

Lernen lebt von persönlichem Kontakt. Deshalb biete ich auch Workshops, Retreats, Reisen und eine persönliche Begleitung an. Dieses Buch ist dabei immer das zentrale Werk, das wir als Grundlage für die tiefergehende persönliche Arbeit nutzen.

Mein Ziel ist es dabei, dich auf deinem Weg der Selbsterkenntnis und Selbstverwirklichung zu begleiten. Mein Anliegen ist die Entfaltung deines höchsten Potenzials und die Lösung von Blockaden, die dich in deinem Leben noch behindern.

Um verbunden zu bleiben melde dich im kostenlosen E-Mail-Verteiler an. Damit bekommst du alle wichtigen Infos und nimmst gleichzeitig am Kurs für Selbstverwirklicher teil:

`www.LebeMail.de`

Auf den Veranstaltungen haben wir die Möglichkeit, uns persönlich zu begegnen und im Detail auf deine Fragen einzugehen. Hast du brennende Fragen und verspürst den Impuls zu einer Teilnahme, ist das der beste Weg. Alle Termine findest du hier:

`www.LebeBlog.de/events`

So wünsche ich dir das Beste für dich und die Entfaltung deines höchsten Potenzials.

Ich freue mich auf dein Wachstum.

Elias

1 Was ist Selbstverwirklichung?

Selbstverwirklichung ist der lebendige Prozess, in dem wir uns als Menschen befinden. In diesem Prozess entfalten wir uns selbst und bringen das zum Ausdruck, was in uns steckt. Ähnlich wie ein Baum aus einem Samen heranwächst und seine Äste weit in die Welt streckt, so ist es auch mit unserer eigenen Selbstentfaltung.

Betrachten wir die Natur näher, so stellen wir fest, dass alle Informationen bereits im Samen enthalten sind. Alles, was der Baum an Wissen für seine Entfaltung braucht, ist im Samen enthalten. So ist es auch bei uns Menschen. Wir selbst sind aus einem Samen und einer Eizelle entstanden. Aber auch als erwachsener Mensch haben wir einen tieferen Kern, über den wir mit all dem weiteren Wissen informiert werden, das wir für unseren Weg der Entfaltung brauchen. Dazu komme ich gleich noch.

Damit sich ein Samen entfalten kann, benötigt er gewisse Voraussetzungen, wie z.B. ein fruchtbares Erdreich. Genauso ist es auch bei uns Menschen. Einerseits brauchen wir ein sicheres Zuhause, aber auch ein Umfeld, in dem wir uns entfalten können. Das ist z.B. in Ländern mit Kriegen oder zu strengen Regierungen nicht gegeben. Der Mensch hat dort kaum die Möglichkeit, wirklich lebendig zu sein, sondern ist hauptsächlich damit beschäftigt, zu überleben oder gewisse Regeln einzuhalten. Zwei wesentliche Bedingungen für Wachstum sind also Sicherheit und Freiheit.

> *Selbstverwirklichung kann geschehen, wenn unsere Grundbedürfnisse nach Sicherheit und Freiheit erfüllt sind.*

Viele Menschen erkennen dabei nicht das Geschenk, das wir in der westlichen Welt durch den gegebenen Frieden und eine Grundversorgung haben. Natürlich gibt es hier auch noch viel mehr Potenzial, die Selbstverwirklichung der Menschen weiter zu fördern und zu unterstützen. Spätestens in diesem Buch erfährst du, wie du dich in jeder Situationen um die Verwirklichung deines wahren Selbst kümmern kannst.

> *Die Verwirklichung in der Welt geschieht durch*
> *den Fluss der eigenen Kreativität, indem die*
> *eigenen Fähigkeiten zur Geltung kommen.*

Schon das Elternhaus entscheidet darüber, wie sehr wir uns als Kind und Teenager verwirklichen können. Sinnlose Verbote und zu starre Regeln versagen dabei dem Heranwachsenden seine benötigte Freiheit, die er braucht, um sich zu entfalten. Aber auch die aktive Seite ist entscheidend: wie sehr die Eltern das Kind inspirieren und ihm Einblicke in die Möglichkeiten des Lebens geben.

Wie dein Mindset über deine Freiheit entscheidet

Von unseren Eltern haben wir gelernt, wie man das Leben am besten lebt. Alles, was sie für richtig und falsch hielten, ging zwangsläufig bewusst oder unbewusst in unsere Denkweise über. Entweder weil wir heute unbewusst genauso denken oder gegen die Eltern rebellieren und genau umgekehrt denken. So kann es heute sein, dass wir unser ganzes Leben nach überlieferten Gedanken ausrichten und dies auch weiterhin tun, solange wir uns dessen nicht bewusst werden. Diese Prägung der eigenen Gedankenwelt nennen wir Konditionierung. Sie resultiert in einem bestimmten „Mindset" – eine „Sammlung von Gedanken", die wir als unsere eigene Wahrheit ansehen.

Das muss nicht schlecht sein. Aber jedes Mindset ist verschieden und so manches fördert eben nicht die eigene Lebendigkeit, Freiheit und Entfaltung. Sobald da ein Gedanke der Art „Das macht man nicht" ist, ist dies schon die erste Blockade, die es zu überwinden gilt.

Nur weil ein anderer Mensch so denkt – und seien es die Eltern oder Lehrer – bedeutet das nicht, dass dies auch für uns gelten muss. So haben wir immer die Möglichkeit, die eigene Wahrheit in uns selbst zu finden. Das geschieht durch ein intuitives Gefühl der Richtigkeit und Stimmigkeit abseits der Gedanken.

> *Die wahre innere Freiheit entsteht, wenn wir unser Wachstum von keinem Gedanken mehr blockieren lassen.*

Schaffen wir es, unsere Konditionierung zu erkennen, ihr keinen Glauben mehr zu schenken und unsere eigene innere Wahrheit zu erspüren, ist dies die Selbsterkenntnis – die Erkenntnis dessen, was du im Grunde wirklich bist. Auch dazu kommen wir später noch.

Selbstverwirklichung geschieht immer

Selbstverwirklichung ist ein stetig anhaltender Prozess, der auch niemals enden wird. Wir sind stets damit konfrontiert, uns selbst immer weiter zu erforschen, zu erkennen und unseren Lebenszweck in dieser Welt zu leben. Dies ist ein abenteuerlicher Prozess, dessen markantestes Merkmal die Lebendigkeit ist.

Menschen, die ein wachstumsförderliches Elternhaus haben, befinden sich stärker in diesem Prozess, ohne es zu wissen. Wenn sie weitestgehend ein erfülltes Leben haben, in dem sie sich entfalten und Freude an ihrer Existenz haben, können wir von gelebter Selbstverwirklichung sprechen.

Dabei können wir selbst beeinflussen, inwieweit wir uns diesem Prozess hingeben oder ihn blockieren. Sich selbst dabei immer weiter zu erforschen und zu erkennen ist ein wesentlicher Bestandteil der Selbstverwirklichung.

Die innere Stimme der Richtigkeit

Eine wichtige Eigenschaft von Selbstverwirklichern ist es, dass sie ihre innere Stimme der Richtigkeit erkennen und auf sie hören. Dies ist die Intuition, die unser wichtigster Wegweiser durch das Leben ist. Diese Menschen haben es also nicht unbedingt nötig, sich selbst zu erkennen, weil es nicht viel gibt, das sie in ihrem Wachstum blockiert. Ihr Lebensstil beinhaltet, stets eine Lösung zu finden und sich ausschließlich für das einzusetzen, was sie von Herzen wirklich wollen.

> *Ohne Blockaden bist du automatisch mehr mit*
> *deiner inneren Wahrheit verbunden.*

Wie leicht du es hast, dich zu verwirklichen, ist also von deiner Ausgangssituation abhängig. Egal, wo du stehst und wo du anfängst: Du hast jederzeit die Möglichkeit, verstärkt diesen Weg deiner Selbstentfaltung zu gehen. Auch wenn du dich bisher nicht aktiv um deine Selbstverwirklichung gekümmert hast, so bist du zwangsläufig damit konfrontiert, Neues zu lernen, denn die Probleme des Lebens kommen von selbst.

> *Was gibt es Spannenderes, als zu erfahren, wer wir*
> *selbst wirklich sind und wozu wir fähig sind?*

Eines der wichtigsten Dinge, die wir hier lernen, ist das Leben mehr als ein Spiel zu sehen als als eine Bestrafung. Wir beschuldigen nicht mehr, sondern öffnen uns für eine Sichtweise, die es uns erlaubt, das Leben mit Neugier und Freude zu entdecken.

Das macht das Leben nicht nur einfacher, sondern entspricht mehr der eigentlichen Wahrheit. Du kannst es selbst in Erfahrung bringen: Ist das Leben ein Kampf oder ein Spiel?

Spüre in diese Gedanken hinein und beobachte, welcher sich freier, lebendiger und „wahrer" anfühlt. Das, was sich „richtiger" anfühlt, ist deine innere Wahrheit. Auf diese einfache Weise kannst du deine Wahrheit für alle Angelegenheiten und Entscheidungen des Lebens erfahren.

Überprüfe also dein Mindset und richte es immer weiter nach deiner inneren Wahrheit aus, damit du dir ein Umfeld erschaffst, in dem deine Entfaltung besser geschehen kann.

Ohne Energie kein Wachstum

Betrachten wir nochmals das Wachstum des Baumes, so benötigt er weitere Dinge: Wasser und Sonnenlicht. Aus dem Boden zieht er seine Nährstoffe, während Wasser und Licht ihm Energie geben, um zu wachsen.

Wir Menschen brauchen auch Wasser, und viel Wasser zu trinken ist tatsächlich gesund. Um was es letztlich geht, ist jedoch unser Energiehaushalt. Ohne Energie haben wir keine Kraft und keine Motivation, uns selbst zu verwirklichen, uns für unsere Wünsche und Träume einzusetzen bzw. für ein Leben, das wir lieben.

> *Ohne Lebensenergie sind wir uns selbst egal und können uns nicht verwirklichen. Erst die nötige Energie ermöglicht es uns, das Leben unserer Träume Realität werden zu lassen.*

Wie wir bewusst mit unserer Energie umgehen, wie wir welche tanken und für unsere Verwirklichung nutzen, werden wir auch in diesem Buch behandeln.

Die Wünsche und Sehnsüchte als Wegweiser

Die grobe Richtung in unserem Leben erfahren wir über unsere Träume und Wünsche. Viele Wünsche mögen vielleicht auch überlieferte Konditionierungen von den Eltern oder Medien sein, die uns weismachen wollten, wie wir selbst glücklich leben können.

Was für uns jedoch zum Glück führt, wissen nur wir selbst. Deshalb ist es so wichtig, auf die eigene Stimme der Intuition zu hören. Die Intuition hat dabei nichts mit der Konditionierung zu tun, sondern geht tiefer und entspringt aus dem Herzen. Dieser leisen Stimme zu folgen ist die weiseste Art, das eigene Leben zu leben. Es ist Selbstverwirklichung.

Haben wir es verlernt, wirklich auf uns selbst zu hören und unserem Gefühl der Stimmigkeit zu folgen, wird die innere Leere größer und gleichzeitig wächst eine Sehnsucht heran. Eine Sehnsucht nach Wahrheit, Freiheit und Liebe. Eine Sehnsucht nach wahrer innerer Erfüllung. Die Konsumangebote der Gesellschaft können die innere Leere nur kurzzeitig und oberflächlich überlagern.

> *Eine langfristige Befriedigung einer inneren Sehnsucht finden wir nur durch Selbsterkenntnis und Selbstverwirklichung.*

Weil die eigenen Wünsche, Bedürfnisse und Sehnsüchte des Herzens so wichtig sind, werden wir den bewussten Umgang damit im Kapitel „Wünsche: Erkenne, was du willst" (Seite 138) behandeln.

Dem Herzen folgen

Mit der inneren Stimme der Richtigkeit können wir jede noch so kleine Entscheidung im Leben daraufhin überprüfen, ob sie zu unserem Leben gehört. Aber vor allem können wir mit ihr in

Erfahrung bringen, welche unserer Träume, Wünsche und Sehnsüchte wirklich zu uns gehören. Dadurch können wir die grobe Richtung in unserem Leben erfahren und folgen dabei einfach nur Schritt für Schritt dem nächsten Impuls, der sich am lebendigsten anfühlt.

Lassen wir dieses Wachstum in uns und durch uns geschehen, gelangen wir mit der Zeit zu einem Leben, mit dem wir vollkommen einverstanden sind. Wir erkennen immer mehr, wer wir wirklich sind. Die empfundene Sinnlosigkeit verschwindet und wird durch eine innere Erfüllung ersetzt.

Unser Herz wird offener und wir sind in der Lage, mehr und aufrichtig zu lieben. Eine Freude am Leben tritt hervor, die uns latent begleitet. Wir strahlen Begeisterung aus und empfinden Enthusiasmus in unserem Tun.

> **ÜBUNG: REFLEXION DEINER GESCHICHTE**
>
> Reflektiere dein Leben. Werde dir bewusst darüber, inwieweit dein Wunsch nach Entfaltung erfüllt wurde und in welchen Situationen du blockiert wurdest. Reise bis in deine Kindheit zurück und erinnere dich besonders an einschneidende Erlebnisse, die dich fundamental in deinem Wachstum und in deinem Erleben eingeschränkt haben. Prüfe, ob sich daraus ein Verhaltensmuster ergeben hat, das bis heute wirkt und mit dem du dir unbewusst Freiheit, Lebendigkeit, Wachstum und Erfahrung versagst. Sehe deine Geschichte dabei immer wertschätzend an, da sie dir das Potenzial für Erkenntnisse liefert.

Um die obige Übung besser zu verstehen, gebe ich dir ein Beispiel an die Hand: Jana durfte als Kind nur selten draußen spielen, weil ihre Eltern große Angst davor hatten, dass ihr etwas geschieht. So blieb es Jana die meiste Zeit versagt, draußen in der Natur und mit den anderen Kindern zu spielen.

Daraus können sich nun zwei Richtungen an unbewussten Verhaltensmustern ergeben: Fortführung und „Dagegen". Die Fortführung wäre, dass Jana auch als Erwachsene noch die meiste Zeit zu Hause bleibt und sich nur mit Dingen beschäftigt, die sie dort machen kann. Ihre Sehnsucht nach Abenteuer und Reisen stillt sie kurzfristig mit Filmen und Romanen.

Die Richtung „Dagegen" könnte so aussehen, dass Jana nun mit dem Erlangen der eigenen Freiheit über die Stränge schlägt. Sie ist rastlos damit beschäftigt, die Welt zu erfahren und Neues zu entdecken. Das geht zu Lasten ihrer Gesundheit und sie kommt nicht dazu, ihren wahren Lebenszweck zu entdecken und zu leben.

Beide Richtungen sind also nicht die Wahrheit und resultieren lediglich aus einer Einschränkung der eigenen Freiheit in Kindeszeiten. Die Wahrheit ist das, was wir von Herzen wirklich wollen, ohne uns von einem Verhaltensmuster beherrschen und in die Irre führen zu lassen. Es kommt auf die gesunde Balance an. In diesem Beispiel wäre das das Verwirklichen der eigenen Sehnsüchte, während man im gleichen Moment in sich ruht und spürt, dass gerade genau das geschieht, was geschehen soll.

1.1   Das Leben geschehen lassen

Selbstverwirklichung geschieht von selbst. Es ist der natürliche Verlauf des Lebens, der auch durch uns geschieht. Es sei denn, wir blockieren diese Entfaltung. Dann verringern wir dabei die Geschwindigkeit, in der wir uns entwickeln.

Das Wichtigste ist, dass wir uns bewusst machen, dass dieser Prozess natürlich ist und dass er im Normalfall von selbst geschieht. Egal aus welchen Gründen auch immer wir uns nicht verwirklichen sollten, die Sehnsucht danach wird zwangsläufig aufkommen. Es ist eine natürliche Eigenschaft des Lebens, dass es sich entfalten und wachsen will.

Das Beste, was wir tun können, ist, uns diesem Prozess hinzugeben. Selbstverwirklichung ist auf der tiefsten Ebene nichts, was wir machen und kontrollieren müssen, sondern sie geschieht von selbst. Wir haben einen Impuls, in eine Richtung zu gehen, und wir folgen diesem Impuls, sofern er sich richtig und stimmig anfühlt.

Wir haben dabei jedoch keinen Einfluss darauf, welche Impulse zu welchen Zeiten kommen. Überraschenderweise können wir jedoch feststellen, dass wir stets zufrieden sind, wenn wir diesen Impulsen der Richtigkeit folgen. Es ist magisch und funktioniert einwandfrei. Es ist die Magie und Mystik des Lebens. Eine Art universelle Weisheit, die durch uns wirkt, von der wir ein Teil sind und der wir deshalb vertrauen können.

Oftmals wissen wir also nicht wirklich, warum wir in eine neue Stadt ziehen wollen. Oftmals erscheint es überaus verantwortungslos, den sicheren Job an den Nagel zu hängen. Und oftmals haben wir gar keine wirkliche Lust, eine Partnerschaft zu beenden, weil wir Angst vor dem Alleinsein haben.

Warum wir keine Kontrolle haben

Eins steht fest: All diese Dinge mögen sich auf einer tieferen Ebene richtig anfühlen. Im Innern spüren wir, dass es so sein soll. Das ist die Wegführung durch das Leben, der wir vertrauen können.

Wir haben dabei keine Kontrolle darüber, welche Impulse wir von unserer Intuition empfangen. Tatsache ist jedoch, dass wir dabei in einer empfangenden Rolle sind. Auf einmal ist da so eine tiefe Sehnsucht, die eigene Berufung zu leben, fremde Länder zu bereisen oder eine Familie zu gründen. Wenn du so etwas wahrnimmst, kannst du dir bewusst machen, dass du diesen Impuls als Mensch nicht selbst erschaffen hast und dass er nicht einfach nur ein Resultat von einem äußerlichen Einfluss ist.

Du kannst erkennen, dass du keine Kontrolle darüber hast, welche Impulse du zu welcher Zeit bekommst. Selbst wenn du versuchst, eine Entscheidung zu treffen, hast du in Wahrheit keine Kontrolle darüber, wie du dich entscheidest.

Du wägst deine Optionen A und B ab. Du führst dir vielleicht die Vorteile von A und B vor Augen. Was du jedoch als Vorteil siehst, hängt u. a. von deiner Konditionierung ab, die dafür verantwortlich ist, was du als richtig und falsch siehst. Du hattest als Kind jedoch keine Kontrolle darüber, von welchen äußerlichen Einflüssen du dich hast prägen lassen. Folglich hast du jetzt auch keine Kontrolle darüber, welche Vorteile dir bei Option A und B jeweils erscheinen.

Vielleicht lässt du deine mentalen Gedanken für einen Moment außer Acht und spürst tiefer in die beiden Wege hinein. Dann wird sich vielleicht der eine Weg richtiger als der andere anfühlen, ohne dass du dabei irgendetwas kontrollierst. Zudem kannst du nicht rational erklären, warum sich nun Weg B stimmiger anfühlt als A. Du kannst nur sagen „Es fühlt sich so an".

Das ist der Grund, warum du keine Kontrolle über dein Leben hast. Es gibt keine Kontrolle darüber, welche Impulse dich zu welcher Zeit erreichen. Sie kommen einfach.

> *Das Einzige, was du kontrollieren kannst, ist, wie stark du das Leben durch dich geschehen lässt.*

Du hast die Wahl, ob du dem Impuls der Lebendigkeit Energie gibst oder nicht. Selbst sich diese Wahl bewusst zu machen, ist ein Privileg. Viele Menschen leben unbewusst in einer täglichen sich immer wiederholenden Routine, ohne dass sie auch nur im geringsten eine Ahnung davon haben, dass sie selbst es sind, die ihr Leben gestalten. Sie selbst haben in Wahrheit die Möglichkeit und Verantwortung, die eigenen Impulse der Lebendigkeit umzusetzen.

Welchen Impuls hast du gerade?

Wir haben also nur eine Art von Kontrolle: inwieweit wir uns dem Prozess der Selbstverwirklichung widmen oder uns selbst verleugnen. Aber selbst auf lange Sicht verschwindet diese Wahlmöglichkeit. Denn das Leben selbstbwill, dass wir uns lebendig leben. Packen wir unser Leben nicht an, um uns zu entfalten, werden wir vom Leben immer stärker an die Wahrheit erinnert. Zuerst sind es sanfte Zeichen, manchmal sind es dann kleine Unfälle und irgendwann Schicksalsschläge oder Krankheit.

Auch wenn wir die Zeichen des Lebens mit dem Verstand nicht verstehen können, kann das Gefühl trotzdem richtig liegen.

Wir können also viel Zeit und Energie damit verbringen, zu hadern und zu zweifeln. Schlussendlich haben wir jedoch keine andere Wahl, als dem Wachstumsimpuls zu folgen. Wir haben in Wahrheit keine Kontrolle, wohin uns das Leben führt. Wir können uns nur dem göttlichen Plan anschließen und das Leben durch uns geschehen lassen, oder eben uns zeitweise vor dem Entwicklungsschritt drücken.

Wir haben die Wahl, uns für den Weg der eigenen Selbstverwirklichung zu entscheiden. Dann laufen die Dinge wie von selbst, alles macht rückblickend Sinn und das eigene Gemüt ist schlussendlich erfreut.

Es gibt also nichts weiter zu tun, als der Stimme des Herzens zu folgen und die Wünsche zu verwirklichen, die sich im Innern richtig anfühlen. Wir sind uns in diesem Fall bewusst darüber, was wir vom Leben wirklich wollen. Ich spreche oft davon, dass wir unser Leben bewusst gestalten und steuern. Das hat jedoch nichts mit einer Kontrolle über unser Leben zu tun. Denn wie gesagt, wir wissen nicht genau, wohin uns unsere Intuition als Nächstes führt.

Es gibt keine Sicherheit

Es gehört viel Vertrauen und Mut dazu, einer subtilen Stimme der Richtigkeit zu vertrauen, die sich abseits der Gedanken befindet und rational nicht erklärbar ist – vor allem in unserer heutigen Gesellschaft des Denkens. Aber diesem Weg zu folgen ist das Einzige, was zu Selbstverwirklichung führt. Wohin dieser Weg genau führt, wissen wir im Detail nicht. Wir haben es nicht in der Hand.

Deshalb hat wahre Selbstverwirklichung mit „Fallenlassen" und Hingabe zu tun. Die Grundlage ist das weibliche Prinzip des Empfangens und der Hingabe. Das macht auch Sinn, denn die Weiblichkeit ist die Instanz, die das Leben gebärt. So empfangen auch wir die Impulse der Richtigkeit und „gebären" Lebendigkeit, indem wir sie verwirklichen.

Im Weg steht uns dabei der Verstand, der uns auf rationaler Ebene versucht weiszumachen, wie das Leben „in Wahrheit" funktioniere. Vom Verstand geht der Impuls aus, das Leben kontrollieren zu wollen und Sicherheit zu erschaffen.

Wenn das Leben etwas will, sitzt es immer am längeren Hebel.

Wenn wir jedoch ehrlich zu uns selbst sind, müssen wir anerkennen, dass es keine wahre Sicherheit gibt. Keine Versicherung und kein Schutzbunker wird uns vor den scheinbaren Gefahren des Lebens schützen.

Wir selbst sind dabei immer die ausführende Instanz. Letztlich haben wir keine Kontrolle und der Wunsch danach steht uns selbst im Weg. Wenn wir uns selbst verwirklichen wollen, müssen wir den Wunsch nach Kontrolle immer mehr loslassen und vertrauen lernen.

So kann es gut sein, dass dich dein wahrer Weg woanders hinführt, als du es dir in Gedanken ausgemalt hast. Dann kannst du stur deinem rationalen Plan folgen oder auf die intuitive Wegführung vertrauen. Ersteres ist meist mit verausgabender Anstrengung verbunden, während Selbstverwirklichung von selbst geschieht und der Leichtigkeit entspringt.

Wir hören auf damit, gegen das Leben anzukämpfen, sondern gehen in den Dialog mit den Geschehnissen und schauen, was wir dabei lernen können. Sturheit und Verbissenheit dürfen auf diesem Weg verschwinden, denn sie haben auch nichts mit Liebe zu tun.

Vertrauen und Mut sind die Lösung. Durch sie können wir uns immer weiter dem Leben hingeben und Erfahrungen sammeln. Dadurch können wir die Erkenntnis gewinnen, dass wir unserer inneren Stimme der Intuition vertrauen können. Denn auch wenn sie unerklärbar ist, so sorgt sie doch für Erfahrungen, die uns tief im Innern berühren und begeistern.

Nur durch das Fühlen kannst du den Sinn des Lebens komplett verstehen. Mit den Gedanken geht das nur im Ansatz.

Wir können also lediglich ein Gefühl von Sicherheit gewinnen, wenn wir erkennen, dass das Leben seinen Sinn hat, so wie es ist. Vom Verstand her mögen wir keinen Sinn erkennen. Erst wenn wir die Dinge tiefer sinken lassen und unsere innere Weisheit befragen, können wir das Leben intuitiv und subtil durch das Fühlen verstehen.

Auf diese innere Weisheit haben wir Zugriff, wenn wir die Verbindung zu uns selbst vertiefen. Dafür müssen wir die Ebene des Denkens verlassen und uns dem Fühlen widmen. Dazu kommen wir noch im Kapitel über die Selbstwahrnehmung: „Wahrnehmung: Komme jetzt an" (Seite 58).

Das Unbekannte

Wir können also nicht genau voraussagen, wohin uns das Leben führt. Wir erkennen jedoch den Weg der Selbstverwirklichung u. a. daran, dass wir das Unbekannte betreten. Selbstverwirklichung ist davon geprägt, dass wir stets Neues lernen und uns weiterentwickeln. Das geht nur, wenn wir Gebiete betreten, in denen wir uns nicht zu Hause fühlen. Wir müssen also unsere Komfortzone verlassen und Neuland betreten.

Das Leben beginnt außerhalb deiner Komfortzone.

Das Einzige, was das Leben interessiert, ist dein Wachstum. Also wird dich deine Stimme der Intuition immer in eine Richtung schicken, die dir noch nicht vertraut ist. Dieser Weg ist immer damit verbunden, dass du über deinen Schatten springen und deine Kreativität zum Ausdruck bringen musst. Deshalb ist Selbstverwirklichung eine Entscheidung für das Abenteuer, entgegen einer langweiligen und monotonen Alltagsroutine.

Wenn du deine Passion findest und lebst, spricht nichts dagegen, routiniert deiner Arbeit nachzugehen. Das Abenteuer und die Lebendigkeit sind trotzdem noch da. Nämlich in deinem Inneren, in Form deiner Begeisterung, die du in deinem Tun empfindest. Die tiefere Erkenntnis, die du hier machen kannst, ist, dass du weniger Kontrolle über dein Leben hast, als du denkst. Es ist einzig und allein deine Entscheidung, wie viel du erleben willst. Aber wohin dich das Erleben führt, ist Aufgabe des Lebens. Erkenne, dass es von selbst geschieht und es deine Aufgabe ist, dich diesem Prozess hinzugeben.

ÜBUNG: REFLEXION DER ÄNGSTE

Reflektiere dich und dein Leben. Mache eine Liste und schreibe all deine Ängste auf. Schaue im zweiten Schritt, wo du versuchst, die Dinge zu kontrollieren, um dich sicher zu fühlen. Überlege, inwieweit du dir durch einen zu großen Kontrollwunsch dabei den Weg zu Leichtigkeit, Begeisterung und Abenteuer möglicherweise versagst.

ÜBUNG: DICH SELBST GESCHEHEN LASSEN

Nimm dir einen Tag, an dem du komplett frei hast. An diesem Tag sollst du nichts planen, sondern lediglich deiner Intuition folgen. Du kannst auch eine Stadt oder eine Landschaft besuchen, die du noch nicht kennst. Lass dich fallen und versuche dich vom Moment leiten zu lassen. Wohin führt es dich als Nächstes? Verzichte an diesem Tag auf dein Smartphone und sonstige tech-

nischen Geräte. Gehe in Kontakt mit deiner unmittelbaren Umwelt und nutze deine Intuition. Fühle immer genauer hinein, was du machen und wohin du gehen willst. Lass dich treiben und erforsche das Unbekannte.

2 Selbsterkenntnis: Wach auf

Was ist das „Selbst", das im Wort Selbstverwirklichung enthalten ist? Wir können uns nur selbst verwirklichen, wenn wir wissen, wer wir selbst wirklich sind. Selbstverwirklichung geht also nicht ohne die Erkenntnis, wer wir selbst sind. Im Laufe unserer Entfaltung und Ausdehnung sind wir zwangsläufig damit konfrontiert, uns selbst immer mehr zu erkennen. Zu erkennen, wer wir selbst wirklich sind, ist die tiefste Sehnsucht unserer Seele. Alle Möglichkeiten, wie wir uns in dieser Welt ausdrücken können, dienen zum Teil oder letztlich vielleicht nur dem Zweck, unser wahres Selbst zu erkennen.

Viele Menschen stürzen sich in das Tun, ohne zu wissen, was sie im Herzen wirklich glücklich macht, ohne zu wissen, wer sie wirklich sind und was ihr Lebenszweck ist. Sie suchen sich selbst.

Das ist der Grund, warum ich das Kapitel über die Selbsterkenntnis hier ganz an den Anfang des Buches setze. Es ist einer der ersten Schritte. So behandelt dieses Buch verschiedene Bereiche der Selbstverwirklichung. Alle sind notwendig und man kann keinen Schritt weglassen.

Man kann jedoch an einer beliebigen Stelle beginnen. Wenn dir das Thema mit dem Wünschen mehr zusagt, kannst du damit beginnen. Höchstwahrscheinlich wirst du dann jedoch an eine Hürde gelangen, an der du in deiner Entwicklung nicht weiterkommst, ohne dich selbst zu erkennen.

Jeder Mensch ist unterschiedlich und bringt seine eigenen Erfahrungen auf diese Welt mit. So will ich auch nicht ausschließen, dass der eine oder andere manch eine Erkenntnis schon mit auf

diese Welt bringt und dann direkt mit einem anderen Thema beginnen kann. Letztlich findest du deinen Weg, wenn du dem folgst, was dich am meisten interessiert.

Beginnen wir hier mit dem Weg, auf dem du dich selbst besser kennen und verstehen lernst.

2.1   Aufwachen aus der Illusion

Im ersten Kapitel habe ich bereits davon gesprochen, dass wir durch unsere äußerlichen Einflüsse geprägt werden. Alles, was wir im Laufe unseres Lebens lernen, aufnehmen und annehmen, wird zu dem, was wir unsere Wahrheit nennen. Sie basiert auf den Worten und Verhaltensweisen der Eltern, Lehrer und aller anderen Menschen, die in frühen Jahren einen starken Einfluss auf uns hatten. Vor allem die Medien prägen uns durch das Fernsehen, Filme, Zeitungen, Internet und die sozialen Medien.

Alle Informationen, die wir auf diesen Wegen aufnehmen, führen einerseits zu einem automatischen Verhalten und andererseits zu einem Glauben von dem, wer wir sind und wie das Leben anscheinend läuft.

Hier haben wir es wieder mit der Konditionierung zu tun. Sie sorgt dafür, dass ein früh übernommenes Verhalten oder eine Ansicht von den Eltern uns selbst ein Leben lang begleitet, sofern wir uns dessen nicht bewusst werden.

Wir müssen uns bewusst machen, dass nichts von dem, was wir denken, die Wahrheit ist. Wir selbst entscheiden, ob wir einen Gedanken zu unserer Wahrheit machen oder eben nicht.

Wir können hier in diesem System aufwachsen, einen Beruf lernen, Karriere machen, Geld verdienen, eine Familie gründen, uns am Wochenende vergnügen und Montag bis Freitag arbeiten. Und wir können meinen, dass das die Wahrheit sei. So ist das Leben und das sei der Sinn des Lebens.

Doch wenn es in dir eine Sehnsucht gibt, die durch all die Angebote der Gesellschaft nicht gestillt werden kann, dann ist die Zeit für deine Selbsterkenntnis gekommen. Es gibt einen Unterschied zwischen dem, was du für die Wahrheit hältst und dem was die tatsächliche Wahrheit ist. Das eine ist das Glauben von der Wahrheit und das andere ist die wirkliche Wahrheit.

Auf dem Weg der Selbsterkenntnis beginnst du deine innere Wahrheit zu hinterfragen, zu überprüfen und mit Bewusstsein zu durchfluten. Dadurch können alle möglichen Illusionen erkannt und aufgelöst werden.

Sofern eine Wahrheit nur auf einem Gedanken beruht, den du irgendwann mal von irgendwem übernommen hast, muss das nichts mit deiner wirklichen Wahrheit zu tun haben. Indem du in jeden Gedanken hineinfühlst und wahrnimmst, was er in dir auslöst, kannst du herausfinden, ob er zu deiner wirklichen Wahrheit gehört. Dies geschieht auf einer tieferen Ebene in dir.

Es ist möglich, das Denken zu pausieren und einen Moment der absoluten inneren Stille zu empfinden. In diesen Momenten scheint dein wahres Selbst durch dich und du bist mit deiner tieferen Wahrheit verbunden.

Mache dir bewusst, dass deine Gedanken **beliebig** formbar sind. So gut wie alles, was du jetzt tagsüber denkst, ist das Resultat deiner Vergangenheit. Hättest du andere Eltern gehabt, wärst du mit anderen Menschen zusammen gewesen, wärst du auf eine andere Schule gegangen, usw., dann hättest du andere Dinge erlebt und daraus hätten sich andere Erkenntnisse und Gedanken über dich und das Leben geformt.

Gedanken sind also beliebig veränderbar und sie haben in erster Linie nichts mit der tatsächlichen Wahrheit zu tun. Der Verstand ist im Prinzip nur ein nützliches Werkzeug, das wir zum logischen Denken einsetzen können, um Probleme zu lösen. Der Ausgangszustand der meisten Menschen ist jedoch, dass der Verstand sie kontrolliert und dass sie denken, dass sie das seien, was der Verstand sie denken lässt.

Hier beginnen wir mit dem Erkennen deines wahren Selbst. Mache dir bewusst, dass Gedanken per se nicht wahr sind. Du selbst bist es, der Gedanken Beachtung und Gewicht schenkt. Du selbst bist es, der diese oder jene Gedanken zur Wahrheit werden lässt oder nicht.

ÜBUNG: WAS IST WAHR?

Mache dir bewusst, was du jetzt deine Wahrheit nennst. Was denkst du über dich, die Menschen und das Leben? Schreibe alles auf, was dir dazu einfällt. Hauptsache ist, dass du darin einen Funken Wahrheit siehst. Wenn du einen Punkt gefunden hast, der für dich scheinbar wahr ist, dann nimm diesen Punkt auseinander. Ist er wirklich wahr? Dadurch gelangst du zu neuen Themen. Gehe auf diese immer tiefer ein und mache dir deine Gedankenwelt bewusst.

Beginne mit der Frage „Was ist wahr?". Am besten machst du diese Übung täglich für eine bestimmte Zeit bzw. solange du willst. Dies ist die wichtigste Übung für deine Selbsterkenntnis.

2.2 Die Identifikationen mit dem Denken

Wenn wir heranwachsen, ist es ein natürlicher Prozess, dass sich in unserer Welt der Gedanken das „Ego" (lat. „Ich") formt. Es ist ein Konstrukt von Gedanken, von dem wir glauben, dass wir das selbst seien. Es beginnt ab dem Moment zu wachsen, ab dem die Denkfähigkeit des jungen Menschen wächst. Die Ich-Gedanken entstehen und das Kind versucht sich mit allem zu identifizieren. Identifikation bedeutet „Gleichmachung". Man macht sich selbst mit materiellen Dingen und situativen Umständen durch Gedanken gleich.

Ein Beispiel ist das Spielzeug des Kindes. Kommt ein anderes Kind und nimmt ihm das Spielzeug weg, entsteht ein großer Schmerz, weil das Kind sich mit der Sache identifiziert hat und denkt, es sei ein Teil von ihm selbst genommen worden.

Tatsächlich besteht keine Verbindung zwischen dem Kind und dem Spielzeug. Erst durch den Gedanken „Das ist meins" entsteht die Verbindung. Dies ist jedoch die Illusion, durch die auch der Schmerz entsteht. Die Wahrheit ist, dass das Kind weder das Spielzeug ist, noch kann es das Spielzeug wirklich als den eigenen Besitz bezeichnen.

Alle Sätze, die mit „meins" einen Besitzanspruch ausrücken wollen, kommen aus dem Ego: „mein Land, mein Haus, mein Partner, meine Familie, mein Kind, mein Auto, meine Firma usw." Es geschieht im Kindergarten, wie auch in der Weltpolitik oder in der Wirtschaft: Man streitet darüber, wem was gehört, sei es nun ein Patent, ein Stück Land oder eben der Spielzeugbagger.

> *Erst mit einem höheren Bewusstheitszustand ist der Mensch in der Lage zu erkennen, dass das Einzige, was er wirklich seinen Besitz nennen könnte, lediglich sein Körper ist. Und selbst dieser besteht letztlich aus schwingenden Atomen, die ihm nicht gehören.*

Das Ego finden wir in der ganzen Welt. In den Industrienationen vermehrt und weniger bis gar nicht bei Ureinwohnern, die den Kontakt zur Wahrheit auf natürliche Weise behalten haben. Es wachsen Menschen auf einem Planeten heran und sie nennen ein bestimmtes Gebiet ihr eigenes. Sie geben dem Gebiet einen Namen und kämpfen um den Erhalt der Grenzen oder sie wollen das, was sie ihr Eigentum nennen, weiter ausdehnen. Aber auf welcher tieferen Wahrheit beruht diese Vorgehensweise?

Wer zuerst kommt, mahlt zuerst? Oder der Stärkere gewinnt? Das ist die animalische Ebene, bei der es um das reine Überleben geht. Dieses steinzeitliche Bewusstsein dürfen wir hinter uns lassen und erkennen, dass es so etwas wie Besitz nicht gibt; dass wir alle *eins* sind und das wir diesen *einen* Planeten teilen sollten.

Die Illusion entsteht also allein durch das Denken. Gedanken haben keine wirkliche Substanz. Was wir denken, formt unsere Realität mit und wir können erkennen, dass unser Leben dadurch ein Spiegel unserer Gedankenwelt ist. Aber Gedanken an sich haben keine wirkliche Substanz.

> *Wir sind frei darin, zu denken, was wir wollen. Wir sind frei darin, zu glauben, was wir wollen. Wir können jeden Gedanken jederzeit verändern.*

Diese Freiheit haben wir prinzipiell alle. Jeder Mensch hat die Möglichkeit, aufzuwachen und sich von der Identifikation mit den Gedanken zu lösen. Der Mensch muss dafür jedoch bereit sein, denn es gehört Mut dazu.

All das, was man in seinen Gedanken für die Wahrheit hält, gibt Sicherheit. Man versucht, die Welt und das Leben gedanklich zu verstehen und interpretiert alles. Hinderlich wird es nur, wenn das daraus entstehende Bild die eigene Lebendigkeit und Liebe einschränkt, die Entfaltung erschwert und das Glücklichsein so undenkbar wird.

Du kannst also alle Gedanken überprüfen, inwieweit sie für dich und dein Leben förderlich sind. Inwieweit unterstützen sie dich dabei, ein lebendiges und erfülltes Leben zu leben? Du kannst jetzt in diesem Moment glücklich und vollkommen zufrieden sein. Jetzt in diesem Moment. Das Einzige, was dich daran hindern könnte, sind deine Gedanken; deine Vorstellung von Gut und Böse, von Richtig und Falsch.

ÜBUNG: IDENTIFIKATIONEN ERKENNEN

Mache dir bewusst, womit du dich identifizierst. Du erkennst Identifikationen daran, dass sie dein Selbstbild formen, also das Bild, von dem du denkst, dass du das seist. Schreibe alles auf, was dir dazu einfällt. Als Einstieg kannst du mit der Frage „Wer bin ich?" beginnen.

Im zweiten Teil gehst du alle materiellen Dinge, Situationen und Umstände durch, auch deine Vergangenheit und dein Aussehen. Mache dir bewusst, inwieweit du dich mit deinem Körper, deiner Lebenssituation, deiner Vergangenheit und deinem materiellen Besitz identifizierst.

So kannst du prüfen, ob eine Identifikation vorliegt: Stelle dir vor, dass du eine Sache, einen Menschen oder einen Umstand verlierst und achte auf das Gefühl. Entsteht Angst oder ein Schmerz? Fühlst du dich

dadurch weniger wert? Dann liegt womöglich eine Identifikation vor. Fühle hinein, ob du denkst, dass du das wirklich bist.

Schreibe so viel auf, wie nur möglich. Dadurch bringst du deine Gedanken auf Papier und sie werden dir bewusst. So kannst du eine Illusion dahinter leichter bzw. von selbst erkennen.

2.3   Das erwachende Bewusstsein

Es gibt eine tiefere Ebene und eine tiefere Wahrheit als die Welt der Gedanken. Am Anfang mag es so sein, dass du deine Gedanken als deine ultimative Wahrheit ansiehst. Das ist auch verständlich, wenn wir uns vergegenwärtigen, dass wir uns mit den Gedanken identifizieren und uns mit ihnen „gleichmachen". Wir sind also fest davon überzeugt, dass wir das sind und dass das die Wahrheit ist.

> *Die tiefere Wahrheit ist jedoch das Bewusstsein.*
> *Wir sind nicht die Gedanken, sondern einfach nur*
> *Bewusstsein. Unser Bewusstsein ist die höhere*
> *Ebene in uns, von der aus wir auch in der Lage*
> *sind, unsere Gedanken zu beobachten.*

Stell dir vor, es gäbe wirklich nur die Gedanken, dann hätten wir nicht die Möglichkeit, unsere Gedanken zu beobachten. Beobachtung setzt voraus, dass da noch eine Instanz ist, die beobachten und wahrnehmen kann. Dies ist das Bewusstsein, das jedes Wesen letztlich belebt. Ein Tier, ein Baum, ein anderer Mensch – jeder hat sein Bewusstsein, das die Welt erfährt und erlebt. Wir haben nur einen unterschiedlichen Körper und unterschiedliche Fähigkeiten, wenn wir uns mit anderen Menschen, mit den Tieren oder Pflanzen vergleichen.

Du kannst dein eigenes Bewusstsein erfahren, indem du dich fragst, wer da gerade durch deine Augen blickt und diese Zeilen hier liest.

Lege das Buch für einen Moment zur Seite. Schaue deinen Körper an. Nimm ihn bewusst wahr. Es ist dein Körper, mit dem du diese Welt erlebst. Frage dich, wer ist es, der den Körper hier belebt.

Betrachte deine Umwelt und mache dir die Situation bewusst, in der du gerade bist. Was ist um dich herum? Nimm dies bewusst wahr, fühle hinein. Wie fühlen sich der Ort und die Situation an? Wie fühlst du dich?

Frage dich, wer ist es, der jetzt gerade in diesem Moment durch deine Augen blickt und die Umwelt wahrnimmt.

Diese Übung ist essentiell und unverzichtbar. Auf diese Weise betrittst du eine tiefere Ebene der Wahrnehmung. Du verlässt dabei langsam das illusionäre Reich deiner Gedanken und trittst in die augenblickliche Wahrheit ein, das Hier und Jetzt. In diesen Momenten wirst du dir selbst bewusst.

Wenn du denkst und dir dabei nicht bewusst darüber bist, dass du denkst, bist du unbewusst. Das ist heutzutage der übliche Zustand, in dem sich die meisten Menschen befinden. Sie schlafen und sind in der Welt ihrer Gedanken regelrecht gefangen.

> *Bewusstheit ist, wenn du das Fenster öffnest und im gleichen Moment weißt, dass du das Fenster öffnest.*

In den meisten Fällen ist damit auch starkes Leiden verbunden. Denn diese Menschen glauben schließlich nur dem, was sie in der Welt ihrer Gedanken für wahr halten. Sie sind nicht in Kontakt

mit dem Leben. Sie sind nicht mal in Kontakt mit sich selbst. Sie leben einen Schlaftraum in der Welt ihrer gedanklichen Vorstellungen, ihrer Konditionierung und ihres Glaubens.

Die tiefere Wahrheit ist, dass du nicht deine Gedanken bist, sondern Bewusstsein in einem menschlichen Körper. Mit dem Körper hast du die Möglichkeit, diese Welt zu spüren und zu erfahren. Er ist dein Gefährt. Zudem hast du den Verstand als ein Werkzeug sowie die Gefühle, um deine Lebendigkeit zu fühlen und eine Beziehung zu deiner Umwelt aufzubauen.

ÜBUNG: BEWUSSTSEIN ERFAHREN

Um dich weiter selbst zu erkennen, musst du dein bewusstes Sein immer weiter ausdehnen. Du musst die Zeiten der Bewusstheit ausdehnen, bis du den ganzen Tag bewusst bleiben kannst. Das erreichst du, indem du dich immer wieder an den gegenwärtigen Moment erinnerst und in den Zustand der bewussten Wahrnehmung gehst. Nehme dich selbst und deine Umwelt immer wieder wahr, auch wenn es nur ein paar Sekunden sind. Mache eine Gewohnheit daraus und finde Wege, dich daran zu erinnern. Werde dir z.B. bewusst, wenn das Telefon klingelt und du abheben willst. Bewusstheit bedeutet, dass du weißt, also bewusst wahrnimmst, dass das Telefon klingelt und du jetzt rangehen wirst. So kannst du mit allen Tätigkeiten verfahren. Du kannst alle Tätigkeiten bewusst wahrnehmen, indem du dich auf das Spüren und Fühlen konzentrierst. So werden einfache Alltagsaufgaben wie Putzen zu tieferen, spirituellen Übungen für deine Bewusstseinserweiterung.

Warum ist Bewusstheit so wichtig?

Im Zustand der Unbewusstheit kannst du nichts verändern. Du schläfst und richtest dein Leben nach deinen Gedanken aus. Deine Welt, dein Erleben und deine Erfahrungen sind dabei hauptsächlich von deinem Mindset abhängig, das aus dem Konstrukt deiner Gedanken besteht. In diesem Zustand verwirklichen wir nicht uns selbst, sondern unser Ego, also unser illusionäres Selbstbild.

Die Wünsche des Egos sind meist von Gier geprägt und davon, besser zu sein als andere und möglichst viel Anerkennung zu bekommen. Es versucht, die innere Leere durch Dinge im Außen zu stillen, was natürlich nicht funktionieren kann. So fühlt sich der Mensch im Zustand der Unbewusstheit getrieben, bestimmte Ziele und Ideale zu erreichen, in der Hoffnung, darin endlich Glück zu finden.

Das dadurch erreichte Glück wird jedoch nie lange anhalten und die innere Leere erscheint mit der Zeit zwangsläufig wieder. Immer und immer wieder. Um dieses unnötige endlose Rennen, Verausgaben, Kämpfen und Leiden zu beenden, können wir uns selbst erkennen und uns mit dem gegenwärtigen Bewusstsein verbinden.

> *Alles, worum du dich krampfhaft bemühst und wofür du dich möglicherweise verausgabst, kann nicht die Wahrheit sein.*

Unbewusst sind wir damit beschäftigt, es anderen recht zu machen und ein möglichst gutes Leben innerhalb der gesellschaftlichen Normen zu erfüllen. Auch wenn wir dabei alles andere als wirklich glücklich sind. Alle spielen dieses Spiel und wir spielen es mit. Bis zu dem Punkt, wo wir uns selbst wirklich bewusst werden.

Du bist nicht dein Körper, nicht deine Gefühle und erst recht nicht deine Gedanken. Sich damit zu identifizieren, ist die größte Illusion, in der sich die meisten Menschen befinden. Du bist Bewusstsein.

Erst in diesem Zustand der Bewusstheit haben wir die Möglichkeit, unser Leben wirklich zu verändern und uns nach unserer tieferen Wahrheit auszurichten. Deshalb ist es so wichtig, das Bewusstsein in sich zu entfalten und zu leben. So kannst du dich bewusst dem Prozess deiner Selbstverwirklichung hingeben und dein Leben darauf ausrichten, wahre Erfüllung zu finden.

Wache auf.
Jetzt.
Du bist Liebe.
Du bist Bewusstsein.

Glaubenssätze auflösen

Glück, Zufriedenheit, Liebe, Vertrauen, Mut und viele andere Qualitäten sind in jedem Moment da. Sie sind die Dinge, die unser Leben wirklich bereichern. Sind alle in uns veranlagt und wir haben in jedem Moment Zugriff auf sie. Wenn wir sie nicht fühlen können, liegt das nur daran, dass es Gedanken in uns gibt, die anderes behaupten und wir diesen Illusionen Glauben schenken.

Wenn du keine Liebe zu dir spüren kannst, gibt es einen Gedanken in dir, der dir sagt „Ich bin nicht liebenswert". Die Illusion entsteht, indem du diesen Gedanken glaubst und ihn weiterdenkst.

Wenn du geizig bist, nicht viel hast, dir nicht viel gönnst und auch keine tollen neuen Erfahrungen machst, gibt es womöglich den Gedanken in dir „Ich habe es nicht verdient". Die Illusion entsteht, indem du diesem Gedanken weiterhin glaubst und du ihn in deinem Unterbewusstsein arbeiten lässt.

Gedanken, die wir immer wieder denken, nennt man Glaubenssätze. Es sind die gedanklichen Sätze, aus denen unser Glauben besteht. Du erkennst dich selbst, indem du deine Glaubenssätze hinterfragst und dadurch zu einer tieferen Wahrheit vorstoßen kannst.

Die Wahrheit kommt von selbst ans Licht, wenn da kein Gedanke mehr ist. Das bedeutet, die wirkliche Wahrheit kannst du nur fühlen und sie besteht nicht zwangsweise aus Gedanken. Die wenigsten Gedanken sind wirklich wahr, wobei es natürlich ein paar wenige gibt, die wirklich wahr sind, wie z.B. dass du Liebe bist.

Du gelangst zur tieferen Wahrheit, indem du deine Gedanken überprüfst und mit deiner innewohnenden Weisheit hinterfragst. Der erste große Schritt ist überhaupt das Erkennen der eigenen Gedanken. Wir können sie nur überprüfen, wenn wir uns bewusst werden.

> *Die Wahrheit kannst du fühlen,*
> *wenn du ohne einen Gedanken bist.*

Erst mit deinem Bewusstsein hast du die Möglichkeit, deine Gedanken zu überprüfen. Nehmen wir für ein Beispiel den Gedanken „Ich bin nicht liebenswert", den viele Menschen glauben.

Frage dich im nächsten Schritt, wie dein Leben aussieht, wenn du diesen Gedanken weiterhin denkst. Wie sieht dein Leben aus und wie fühlst du dich, wenn du diesen Gedanken weiterhin glaubst?

So kannst du mit jedem Gedanken vorgehen. Mit allen Gedanken über dich, deine Umwelt und deine Mitmenschen. Du achtest explizit auf die Gefühlsregung in dir. Jeder Gedanke löst etwas in dir aus und dies gilt es, sich bewusst zu machen.

So erkennst du unwahre Gedanken daran, dass sie ein Gefühl von Enge, Druck, Minderwertigkeit, Schmerz, Leid, Neid oder Hass verursachen. Achte genau auf das Gefühl, das der Gedanke auslöst und frage dich, ob du so weiterhin leben willst.

> *Du bist derjenige, der über deine Gedanken entscheidet und du darfst dich fühlen, wie du willst.*

Dieser Schritt reicht meist aus, um sich die eigene Wahrheit bewusst zu machen. Die Wahrheit ist in diesem Fall das Ende der Illusion. Du erkennst durch das Gefühls-Feedback, wie sinnlos es ist, diesen Gedanken weiterhin zu denken.

> *Im Lichte deines Bewusstseins löst sich jede Illusion von selbst auf.*

Die Wahrheit ist das Gefühl, das erscheint, wenn du ohne einen Gedanken bist. Langfristig solltest du also üben, deine Gedanken zu beobachten, auf das Gefühl zu achten und dabei mögliche Illusionen automatisch zu erkennen.

Übergangsweise kann es jedoch helfen, den Gedanken zu ersetzen. Dafür suchst du dir einen neuen Gedanken, der das Gegenteil darstellt. Statt „Ich bin nicht liebenswert" könntest du also „Ich bin liebenswert" verwenden, oder einen anderen deiner Wahl. Das Wichtige dabei ist, dass du diesen neuen Gedanken wirklich glauben kannst. Das komplette Gegenteil ist meist eine

zu große Kehrtwende, als dass wir das wirklich glauben können. Deshalb macht es Sinn, eine abgeschwächte Form zu verwenden, die wir eher glauben können.

Wenn „Ich bin liebenswert" zu weit weg ist, können wir zuerst mit „Ich bin vielleicht ein bisschen liebenswert" beginnen. Später dann arbeiten wir mit „Ich hab auch eine liebenswerte Seite", bis sich unsere Selbstliebe immer mehr ausgedehnt hat und wir irgendwann das Ideal von „Ich bin liebenswert" glauben können.

Die Hauptsache ist, dass sich dieser Gedanke wahrer anfühlt und dich bestärkt. Mit diesem neuen Gedanken kannst du dich verbinden, ihn dir aufschreiben und aufhängen und ihn immer wieder fühlen. Mache dir im Gegenzug bewusst, wie du dich mit diesem neuen Gedanken fühlst und wie dein Leben aussehen wird. Entscheide dich abschließend für den Gedanken, der dir Kraft gibt und sich einfach wahrer anfühlt.

Glaubenssätze sind stark mit Gefühlen verbunden und sie stehen in ständiger Wechselwirkung, deshalb findest du im Kapitel „Gefühlskörper: Gefühle fühlen" (Seite 92) einen Weg, der hier anknüpft und noch weiter in die Tiefe geht, um fest verankerte Glaubenssätze aufzulösen.

ÜBUNG: STÖRENDE GLAUBENSSÄTZE ELIMINIEREN

Gewöhne dir an, störende Glaubenssätze zu finden und zu hinterfragen. Die besten Momente dafür sind die, in denen dich etwas emotional bewegt. Vor allem Wut, Neid, Hass und Angst sind gute Zeichen, um aufzuwachen. Lass dein Gefühl einen Satz sagen und finde den Gedanken, der für deine Gefühlsreaktion verantwortlich ist. Meist ist es eine Bewertung des Erlebten. Schreibe alle Gedanken auf und hinterfrage alle einzeln mit der obigen Anleitung. Zur Übung kannst

> du auch alle vergangenen Erlebnisse verwenden, in denen du fühlst, dass du dich zukünftig gerne anders verhalten möchtest.

Neben den Glaubenssätzen gibt es auch tiefsitzende Grundüberzeugungen. Diese sind stark in der Psyche verankert und gehen deshalb auch mit überwältigenden Gefühlen einher. Wie du diese transformieren kannst, habe ich in dem Kapitel „Grundüberzeugungen auflösen" auf Seite 183 beschrieben. Dieses Kapitel befindet sich deshalb am Ende, weil du dafür das Bewusstsein über deine Gedanken, Körperempfindungen und Gefühle entwickelt haben musst.

Praktische vs. ich-hafte Gedanken

Wir können unsere Gedanken in zwei Arten unterteilen: praktische und ich-hafte Gedanken. Die Gedanken, die wir zum Leben wirklich benötigen, sind die praktischen Gedanken. Wenn wir zum Beispiel einen Kuchen backen, gehen wir in einer bestimmten Reihenfolge vor. Wir mischen Mehl, Milch und andere Zutaten zusammen, machen einen Teig, geben ihn in eine Form und backen diesen. Das ist ein praktischer Ablauf mit einem praktischen Resultat.

Daneben gibt es die ich-haften Gedanken, solange wir uns selbst noch nicht wirklich erkannt haben und das Ego stark ausgeprägt ist. Es sind alle Gedanken, in denen ein „Ich" vorkommt. Wie z.B. „Hoffentlich schmeckt der Kuchen den anderen, damit sie mich loben", „Was soll ich nur tun, wenn der Kuchen nicht ankommt oder nichts wird?" oder „Ich kann so gut backen, viel besser als meine Freunde".

Diese ich-haften Gedanken begleiten den praktischen Prozess und stören diesen. Wir sind abgelenkt und nicht ganz bei der Sache. Das Tun geschieht vielleicht nur aus dem Zweck, anderen zu gefallen oder ein bestimmtes Resultat zu erzielen. Das eigent-

liche Backen gerät in den Hintergrund und wird zu einer Nebensache. Wenn wir dies erkennen, können wir merken, dass es eigentlich andersherum sein sollte.

Wir sollten im Moment sein, völlig präsent bei dem, was wir tun. Das Tun sollte der Liebe entspringen, weil wir in diesem Moment gerade nichts lieber tun wollen. Das Resultat ist dabei zweitrangig. Die treibende Kraft ist unser Enthusiasmus und nicht die Sehnsucht nach Ruhm, Anerkennung und Bestätigung.

Selbstverwirklichung geschieht normalerweise von selbst, ohne dass wir uns großartig einmischen oder versuchen, das Leben zu kontrollieren. Wir empfangen unsere Impulse über das Herz und gehen dem nach, was uns brennend interessiert und begeistert.

Das Ego steht diesem Prozess im Weg, wenn es andere Interessen hat. Es möchte sein Selbstwertgefühl aus anderen Quellen als sich selbst schöpfen, wie eben die Bestätigung von außen durch gute oder hervorragende Leistung. Selbstwertgefühl, das aus diesen Quellen genährt wird, ist abhängig und es braucht immer wieder die Bestätigung von außen, ähnlich wie bei einem Drogenabhängigen.

Hören wir auf, diesen Ich-Gedanken zu glauben und zu folgen, können wir mit der Zeit die tiefere Wahrheit in uns erfühlen. Durch die gedankenlose Wahrnehmung von uns selbst können wir uns immer weiter im Zentrum unseres Seins verankern. Dort finden wir eine unerschöpfliche Quelle an Liebe und Erfüllung. Das ist der Weg, wie wir von der Bestätigung im Außen unabhängig werden und damit beginnen können, uns wirklich selbst zu verwirklichen. Das Ego tritt dabei in den Hintergrund und wir bleiben uns selbst bewusst. Die Ich-Gedanken werden dabei mit der Zeit immer weniger und verlieren generell an Kraft.

> **ÜBUNG: ICH-GEDANKEN ERKENNEN**
>
> Gebe beim täglichen Beobachten deiner Gedanken besonders Acht darauf, ob es sich um einen praktischen oder ich-haften Gedanken handelt. Betrachte die Gedanken des Egos und mache dir bewusst, wozu diese Gedanken führen. Bewerte den Gedanken oder dich selbst dabei nicht. Betrachte den Gedanken mit Liebe und Bewusstsein. So verliert er mit der Zeit von selbst an Kraft und verebbt, weil du diesen Gedanken keine Energie mehr gibst.

2.4 Dein höheres Selbst als Wegweiser

Du bist also nicht dein Körper, deine Gefühle oder Gedanken. Du hast einen Körper, einen Gefühlskörper und einen logischen Verstand, um diese materielle Welt auf Erden zu erfahren. Die drei Ebenen von Körper, Gefühlen und Denken laufen in deinem Bewusstsein zusammen. Nur weil es das Bewusstsein gibt, bist du überhaupt in der Lage, deine Körperempfindungen, Gefühle und Gedanken wahrzunehmen.

Da ist also ein Bewusstsein, das sich selbst als Mensch erfährt, sich spürt, sich fühlt, denkt, Entscheidungen trifft und sich in dieser Welt ausdrückt.

Wenn ein Lebewesen im Bauch der Mutter oder als Samen in der Erde heranwächst, ist dieses Wesen beseelt. Die Seele ist das nicht-stoffliche und spirituelle Element, das jedes Lebewesen letztlich ausmacht. Wenn du fragst, was du letztlich in Wahrheit bist, dann ist das die Seele. Ohne Seele existiert kein Bewusstsein, das deinen Körper beleben und erfahren kann. Das Bewusstsein ist sozusagen die Brücke zwischen dem menschlichen „Körper-Ich" und der Seele.

Oder anders gesagt: Die Seele sammelt ihre Erfahrungen über das Bewusstsein, welches das weltliche Leben wahrnimmt. Wenn du ein Fernrohr nimmst, um die Sterne am Himmel zu betrachten, so ist das Fernrohr ein Hilfsmittel, um in die Ferne zu sehen. Ähnlich ist das bei der Seele, die in diesem Fall das Bewusstsein nutzt, um die Erfahrung als verkörperter Mensch auf Erden zu machen.

Das Selbst auf menschlicher und weltlicher Ebene besteht aus Körper, Gefühlen, Gedanken und dem Bewusstsein. Letzteres stellt hierbei die höchste Instanz dar.

Das Selbst auf höherer geistiger Ebene ist die Seele. Sie ist, wie jede Seele, ein Teil von etwas Größerem und fließt letztlich mit all ihrem Wissen in die Seele des Universums zurück.

> *Wir sind keine Menschen, die eine spirituelle Erfahrung machen, sondern wir sind spirituelle Wesen, die erfahren, Mensch zu sein!*
>
> *(Pierre Teilhard de Chardin)*

Die Getrenntheit ist also eine Illusion, die nur entstehen kann, wenn wir die Verbindung zu unserer tieferen Wahrheit verloren haben. Der Weg ist es, zu verstehen, dass wir mehr sind als Materie und die Verbindung zu unserem höheren Selbst, der Seele, aufrechtzuerhalten.

Solange wir nicht tot sind, sind wir natürlich permanent mit dem höheren Selbst verbunden. Es ist jedoch eine Frage der eigenen Bewusstheit, inwieweit wir die Wegweisung durch die Seele erkennen können. Es existiert eine Absicht unserer Seele, die wir im Laufe unseres Lebens erkennen können. Dies kann der Wunsch nach Wachstum durch Erkenntnisse und Gefühlserfahrungen als Mensch sein oder die Veranlassung von Veränderungen auf der Erde.

Selbstverwirklichung geschieht „aktiv", wenn das menschliche Selbst dem höheren Selbst folgt. Als Mensch haben wir jedoch auch unseren „freien Willen", mit dem wir uns sicherlich einige Zeit querstellen und den Begierden des Egos folgen können. Diese unbewusste Phase ist der „passive" Teil der Selbstverwirklichung, in der wir lernen können, Bewusstheit zu entwickeln. Dies ist sozusagen eine erste Lernaufgabe, um sich danach aktiv selbst verwirklichen zu können. Selbstverwirklichung ist letztlich jedoch weder aktiv oder passiv, sondern geschieht von selbst. Alles, was existiert, ist die Grundlage für Wachstum und dient dazu, Bewusstsein zu entfalten.

> *Wir alle sind letztlich Eins.*
> *Wie ein Zweig eines unendlich großen Baumes.*
> *Ein Tropfen eines unendlich großen Ozeans.*
> *Wir alle sind ein flüchtiger Ausdruck des Einen,*
> *in der Unendlichkeit des Lebens.*

Aus menschlicher Sicht können wir im Zustand der Ego-zentrierten Unbewusstheit nur einen Bruchteil an Lebensqualität und innerem Potenzial nutzen, da das Ego der einzige Grund für das Leiden ist und sich selbst als getrennten Teil sieht.

Sobald wir unsere eigentliche Wahrheit erkennen, tritt ein friedvolles und liebevolles Leben ein. Durch die gelebte Verbindung zum höheren Selbst erkennen wir viel leichter, wo der Weg für uns hinführt. Da die Seele nur auf neue Erfahrungen aus ist, ist die Folge ein ereignisreiches und tief erfülltes Leben.

> **ÜBUNG: DEINE SEELE ERFÜHLEN**
>
> A. Was macht der Gedanke mit dir, dass du mehr bist als Körper und Verstand; dass da ein ungreifbares, unsichtbares, spirituelles Element ist, das die tiefere Wahrheit deines Selbst ausmacht? Nimm deine Gedanken und Gefühle dazu wahr.
>
> B. Es existiert ein höheres Selbst, das dich letztlich durch das menschliche Leben führt, das jederzeit bei dir ist und an all deinen Erfahrungen teilnimmt. Kannst du zu dieser Vorstellung eine Art von Sicherheit und Geborgenheit fühlen?
>
> C. Alles im Universum existiert nicht ohne Grund und hat somit seinen Sinn. Dazu gehören auch all deine bisherigen Erlebnisse, die du lieber nicht gehabt hättest. Kannst du mit dem jetzigen Wissen auch aus den unverständlichen Erlebnissen Erfahrungen gewinnen und somit einen Sinn erkennen? Welche Fähigkeiten hast du aus den „schlechten" Zeiten des Lebens erworben? Blicke zurück und schreibe deine Selbstanalyse detailliert auf.

Bewusstsein existiert nie ohne Grund

Wir müssen uns klarmachen, dass Bewusstsein nicht ohne Grund existiert. Alles im Universum hat seinen Sinn und so hat jedes Bewusstsein seinen Sinn, wenn es sich in irgendeiner Form verkörpert und die Erfahrung einer bestimmten Wesensart macht, wie z.B. „Mensch auf Erden".

Auch wenn viele Menschen meinen, ihren Sinn nicht zu kennen, so existiert dieser Sinn trotzdem. Solange wir am Leben sind, gibt es immer noch etwas, das wir erfahren, lernen und erkennen wollen. Um diesen Sinn zu erkennen, müssen wir uns nur dafür

öffnen, dass wir eben mehr sind, als nur Körper und Verstand. Es gibt einen höheren Plan der Seele, den wir in Erfahrung bringen können.

Solange du lebst, gibt es einen Grund dafür.

Ebenso gibt es auch mehr, als sich gedanklich immer nur in den Schranken des gesellschaftlichen Systems zu bewegen: Arbeit, Partnerschaft, Familie und mit Freunden was unternehmen. Viele fragen nach ihrem Sinn, weil sie in den begrenzten Lebensbereichen, in denen sie sich aufhalten, nicht das Ersehnte finden können. Sehr oft ist eben der Sinn nicht das, was uns von der Gesellschaft angeboten oder vorgeschrieben wird, sondern genau die Gefühlserfahrung, die wir gerade machen.

> **ÜBUNG: WARUM BIST DU NOCH HIER?**
>
> Du machst gerade eine Reise als Mensch auf diesem Planeten und du bist noch am Leben. Dein Bewusstsein blickt immer noch durch deine Augen. In jedem Moment. Das hat seinen Grund. Warum lebst du noch? Was willst du in diesem Leben wirklich noch erleben? Beantworte diese Frage aus der höheren Perspektive deiner Seele: Es ist alles möglich.

Intuition als Kommunikationsmittel

Die Intuition ist das Sprachmittel des höheren Selbst, mit dem wir unsere eigene Wegführung erkennen können. Das ist auch der Grund, warum wir intuitive Impulse niemals logisch erklären können. Wir können sie höchstens interpretieren, was vor allem rückblickend sinnvoll erscheint. Im Rückblick erschließt sich der

Sinn für uns leichter, da wir dann die vollständige Erfahrung erlebt haben und wissen, was uns das Folgen der Intuition gebracht hat.

Die Intuition empfangen wir als Mensch auf allen Ebenen:

- über Visionen, Eingebungen und Geistesblitze auf mentaler Ebene
- über Empfindungen von Abneigung oder Zustimmung auf körperlicher Ebene als Reaktion auf eine Situation, z.B. Kribbeln und Wärme für ein „Ja" oder Enge, Schmerz und Kälte für ein „Nein"
- über Gefühle von Abneigung oder Zustimmung auf gefühlter Ebene als Reaktion auf eine Situation, z.B. Freude, Begeisterung und Enthusiasmus für ein „Ja" oder Lustlosigkeit und Niedergeschlagenheit für ein „Nein"
- über ein subtiles Gefühl von Stimmigkeit oder Unstimmigkeit

Die Intuition können wir durch das Trainieren unserer Selbstwahrnehmung immer besser erkennen. Die Körper- und Gefühlsreaktionen auf die Situationen des Lebens sind **nicht** immer Sprache der Intuition, sondern können auch mit Konditionierungen aus der Vergangenheit zusammenhängen. Eindeutig ist jedoch das Gefühl der Richtigkeit und Stimmigkeit. Durch das Verfeinern der inneren Wahrnehmung können wir diese auch von den normalen Gefühlen unterscheiden. Dazu kommen wir ausführlich im Kapitel „Gefühlskörper: Gefühle fühlen" (Seite 92).

Das Spiel auf Erden und der freie Wille

Stell dir vor, du spielst ein Brett- oder Computerspiel. Dann bist du in der Position des höheren Selbst, das seine Spielfigur durch eine virtuelle Welt steuert. Genauso ist es hier mit unserem menschlichen Leben. Die Erde ist die virtuelle Welt, das Spielfeld, auf dem wir uns bewegen. Nicht du mit deinen Gedanken bist es, der primär durch das Leben navigiert, es ist dein höheres Selbst.

Die maßgebliche Richtung im Leben wird vom höheren Selbst vorgegeben. Durch unser Gefühl der Richtigkeit lenkt es uns zu den Erfahrungen, die es sich vorgenommen hat. Das können „gute" wie „schlechte" sein. Auf der Erde erleben wir eine Welt der Dualität, der Zweiheit. Dies erkennen wir an den Beispielen von Mann und Frau, Tag und Nacht, Mond und Sonne usw. Wir können hier die Erfahrungen von Gut und Böse, Licht und Dunkelheit machen.

Da es so etwas wie ein höheres Selbst gibt, das dich ausmacht, lässt es dich leichter verstehen, wie du bzw. das Leben funktioniert. So sind auch vergangene Entscheidungen, die du lieber rückgängig machen würdest, wichtige Erfahrungen für dein inneres Wachstum.

*Alles Materielle existiert flüchtig,
niemals ewig und niemals wirklich.*

Die materielle Welt, in der wir uns befinden, bezeichne ich nachfolgend auch als „Matrix". Die Matrix ist ein virtueller Ort, eine Art Sandkasten, in dem wir uns austoben und in diesem Fall die Erfahrung als Mensch machen können. Virtuell bedeutet, dass sie nicht wirklich echt ist. Letztlich besteht jede Form von Materie auch nur aus schwingenden Atomen. Diese sind nicht fest miteinander verbunden, sondern von freiem Raum umgeben, dem sogenannten Äther, den Wilhelm Reich auch als „Orgon" bezeichnete.

Nichts an Materie geht je verloren, sondern verändert nur seine Form und geht in ein anderes Element über. Die Moleküle verändern ihre Struktur und Zusammensetzung. So ist alles, was materiell existiert, flüchtig, dynamisch, frei veränderbar und existiert niemals ewig und niemals wirklich.

Du kannst dein Leben als Spiel sehen. Die Erde ist dein Spielplatz. Das, was du gerade noch als „Ich" bezeichnest, ist deine Spielfigur. Du kannst mit diesem „Ich" zwar ein paar Entscheidungen eigenständig treffen, aber die höhere Führung durch dein Leben geschieht durch deine Seele.

Wenn du das jetzt gerade nicht gern hörst, ist es dein Ego, dein illusionäres Selbst, das um seine Existenz und Macht bangt. Das auf Gedanken beruhende Selbstbild hat nur Interesse daran, seine Machtstellung zu behalten und weiter ein paar deiner Entscheidungen zu treffen. Auf die Dualität bezogen ist das Ego der dunkle Anteil und die Seele der helle.

Die Entscheidungen deines Egos stören langfristig den Prozess deiner Selbstverwirklichung. Natürlich hat auch das Ego seinen Sinn, der sich um die Materie schert und dir eine gewisse Erdung verschafft. Ohne das Ego würdest du vielleicht die Wichtigkeit deines materiellen Lebens nicht erkennen und zu *fahrlässig* leben. Gegenwärtig haben wir jedoch das umgekehrte Bild: Die Menschen gehen zu *vorsichtig* mit ihrem Leben um. Das Ego hat zu viel Macht, verursacht zu viel Leid, zu viel Angst und schränkt dadurch die Selbstentfaltung drastisch ein.

> *Wir leben gerade vielleicht um die 5%*
> *unseres wahren Potenzials.*

Das menschliche Leben kannst du dir so vorstellen: Du bist das höhere Selbst und spielst ein Spiel namens „Mensch auf Erden". Die Spielfigur ist dein Avatar, der einen Körper, einen Namen und eine Existenz bekommt. Du möchtest deinen Avatar nun

durch das Leben bewegen. Nur ist es so, dass dein Avatar ein eigenes Leben hat, mit einem Ego und einem freien Willen. Viele deiner Impulse, den Avatar zu bewegen, kommen zwar bei ihm durch Gefühlsempfindungen an, der Mensch reagiert jedoch nicht immer, vielleicht sporadisch oder nur sehr, sehr vorsichtig.

Der Mensch hat Angst, macht sich viele Gedanken, ist zögerlich, ist sich nicht sicher, zweifelt viel, wartet ab. Und du betrachtest deinen Avatar geduldig. Schaust ihm zu, wie er kleine Schritte macht und hinfällt. Du ermunterst ihn durch ein Gefühl der Hoffnung, weiterzumachen, schickst ihm unterstützende Situationen und befreundete Seelen in Form von weiteren Avataren, die in sein Leben treten. Sehr oft denkst du dir dabei, dass das Spiel hier auf Erden vielleicht viel schneller gehen könnte. Aber du bleibst geduldig und hast Verständnis, weil du weißt, dass Liebe die höchste Wahrheit ist.

100% Leben geschieht, wenn du aus dem Traum deines Egos aufwachst und in die wahre Realität des Lebens eintrittst. Das, was du dein Leben nennst, ist nur ein weiterer Traum. Das Ego streut dir Sand ins Getriebe, was für deinen Bewusstwerdungsprozess auch sinnvoll und unerlässlich ist. Ohne Ego gibt es keine menschliche Existenz und kein Aufwachen in die Bewusstheit. Du brauchst den Schlaf, um zu wissen, was die Realität ist. Das Bewusstsein braucht die Unbewusstheit als Spiegel, andernfalls kann sich das Bewusstsein nicht selbst erfahren.

Mit diesem Wissen kannst du dich auf den Weg zu deinem spirituellen Erwachen machen. So beschleunigst du deine Selbstverwirklichung und kommst umso schneller in den Einklang mit deinem höheren Lebenszweck. Das Leben wird zu einem wunderbaren Abenteuer, in dem du dich als den materiellen Schöpfer deines höheren Seelenplans erfährst. Wie du deinen Seelenplan in dieser Welt verwirklichst, also realisierst, erfährst du in einem späteren Kapitel.

> **ÜBUNG: ZOOM OUT**
>
> Zoome aus deiner menschlichen Perspektive heraus. Sehe dich in deiner Situation von oben, wie du da gerade bist und dieses Buch liest. Dies ist eine mögliche Perspektive deines höheren Selbst, das immer bei dir ist und dich in deiner menschlichen Erfahrung begleitet. Achte darauf, wie sich diese Perspektive anfühlt. Wie siehst du aus dieser Perspektive dich, dein Leben, deine Beziehungen und deine Probleme?
>
> In einem weiteren Schritt kannst du noch weiter herauszoomen: Sehe dich aus der Höhe eines fliegenden Vogels, dann aus der Höhe eines Flugzeuges, bis du die Welt verlässt und die Erde aus der Perspektive eines Astronauten siehst, neben all den vielen weiteren Planeten. Wie siehst du dich nun, dein Leben, deine Beziehungen und deine Probleme?

Mit dieser Übung können wir uns wieder mit der Realität verbinden, wenn wir gerade zu verbissen an einem Projekt arbeiten, in Problemen versinken, ständig klagen oder damit beschäftigt sind, unser Leben auf die bestmögliche Art zu führen. Vor allem wenn das Leben schwierig erscheint, können wir einfach mal aus unserer menschlichen Perspektive herauszoomen, wo wir den Wald vor lauter Bäumen nicht mehr sehen.

Indem wir uns von oben betrachten, können wir uns leichter darüber bewusst werden, was gerade geschieht. Dann sehen wir uns, wie wir vielleicht vergeblich kämpfen, uns unnötig abstrampeln, ständig unter Stress sind, das Leben zu ernst nehmen und zu wenig lachen. In diesen Situationen kann es heilsam sein, die Perspektive zu erweitern und wieder ein Gefühl für das Große und Ganze zu bekommen.

Bei dieser Übung kann es dir auch passieren, dass deine Probleme an Ernsthaftigkeit oder Intensität abnehmen. Wenn wir nur noch unsere menschliche Perspektive sehen und ständig *im* Problem hängen, können wir den Sinn für die Realität verlieren und wahrlich im „Sumpf des illusionären Leides" versinken.

Diese Übung ist nicht dazu gedacht, sich von den eigenen Herausforderung abzuspalten und sich von ihnen zu distanzieren. Du sollst dich und dein Tun nur von einer höheren Warte aus erkennen und überprüfen. Dadurch kannst du neue Erkenntnisse gewinnen und dein Leben mit Weisheit verändern, nachdem du wieder in deine menschliche Perspektive gewechselt hast.

ÜBUNG: DAS LEBEN ALS SPIEL

Gewöhne dir in deiner Wachzeit an, immer wieder in die Vorstellung zu gehen, dass das ganze Leben nur ein Spiel ist. Du bist gerade auf einem riesigen Spielfeld und dir liegt die Welt förmlich zu Füßen. Du hast alle Freiheiten. Warum deine Chance verstreichen lassen und die Zeit mit unnötigen Klagen, Selbstmitleid, Grübeln, langweiligen Tätigkeiten oder Stress verbringen? Dein Erleben wartet jetzt. Was willst du jetzt wirklich erfahren, erleben und erkennen?

Wechsle immer wieder in diese Perspektive und stelle dir diese Frage. Versuche dabei die Antwort nicht rational zu beantworten, sondern zu erfühlen. Erst wenn du die Stimmigkeit deines nächsten Schrittes im Körper spüren und mit Gefühlen fühlen kannst, liegst du richtig.

3 Wahrnehmung: Komme jetzt an

Viele Menschen wissen nicht, was sie tun sollen, haben jedoch im gleichen Moment eine tiefe Sehnsucht, ihren Sinn des Lebens zu erfahren und zu leben. Paradoxerweise ist alles im Menschen schon veranlagt, auch der grobe Fahrplan für sein Leben. Es hapert nur am Bewusstsein, es zu sehen, anzuerkennen und den nächsten Schritt zu gehen.

> *Ist der Mensch ratlos und rastlos, ist er nur von der tieferen Wahrheit in sich getrennt. Es ist alles da und es wartet nur darauf, von uns bewusst gesehen zu werden.*

Wenn du nicht weißt, was du tun sollst, geht es darum, dich selbst vollständig wahrzunehmen und deine Impulse der Intuition zu erkennen.

Menschen, bei denen das Ego nicht so stark ausgeprägt ist, sind im Normalfall stärker mit ihrem Herzen und somit mit ihrer Intuition verbunden. Das spirituelle Herz ist das Hauptorgan für das Fühlen und das Erkennen der Intuition. Diese Menschen sind von Natur aus besser auf ihre Selbstverwirklichung ausgerichtet und folgen bereits ihrem Plan, ohne es womöglich zu wissen.

Diese Minderheit darf sich glücklich schätzen, während die meisten anderen erst mal dieses Buch hier studieren müssen, um sich selbst zu erkennen, aufzuwachen und dann ihrem höheren Plan folgen zu können. Es ist der Weg, den ich auch erst mal gehen musste und ich bin hier noch lange nicht am Ende. Selbstverwirklichung ist endlos. So endlos wie das Universum.

Die Ausgangssituation der meisten Menschen ist der vollständige Schlaf. Ihr Handeln ist komplett unbewusst und weitestgehend vom Ego gesteuert. Sie glauben an das, was ihnen gesagt wurde und sie geben ihre Verantwortung an externe Instanzen, wie den Arbeitgeber und Politiker ab. Sie glauben den Medien und bleiben damit in einer Spirale der Angst und Unbewusstheit gefangen. Schonmal darüber nachgedacht, warum es in den Medien selten darum geht, wie du dein Potenzial und deine Kraft entfalten kannst?

Das gegenwärtige System wurde aus dem Ego heraus geschaffen. Es hat seine eigene Lebendigkeit und möchte seine Macht natürlich behalten. Dies geschieht, solange der Mensch konsumiert und seine Entscheidungen (durch Unbewusstheit) an andere Instanzen abgibt. Das Einzige, was dabei hilft, ist dein Erwachen, dein Bewusstwerden, dein Eintreten in die Bewusstheit.

> *Erst wenn du dir selbst bewusst bist, kannst du bewusste Entscheidungen treffen und Veränderungen bewirken, die auch im Sinne deines Herzens sind.*

Darum soll es in diesem Kapitel gehen, indem du lernst, dich selbst und den gegenwärtigen Moment wahrzunehmen. Dies bringt dir ein tiefergehendes Verständnis davon, wie du selbst funktionierst. Es ist das Ausdehnen des Bewusstseins von dir selbst, ein Aufwachen aus dem Traum und der Eintritt in ein wahres, lebendiges Leben.

Das Aufwachen aus dem Schlaf des Denkens können wir mit der Wahrnehmung fördern, indem wir lernen, unsere Umwelt und uns selbst bewusst wahrzunehmen. Das wollen wir mit den Übungen in diesem Kapitel lernen.

Mit der Wahrnehmung der Umwelt haben die meisten nicht so große Schwierigkeiten. Die Herausforderung ist eher der Weg nach Innen, in dich selbst. Tief in unserem Innern befindet sich jedoch auch unsere universelle Weisheit und das spirituelle Herz, über das unsere Intuition spricht. Deshalb ist es für die eigene Selbstverwirklichung wichtig, sich immer intensiver mit seinem Innern zu verbinden und sozusagen in die Tiefe der eigenen Seele einzutauchen.

Dabei gibt es verschiedene Ebenen, die wir wahrnehmen können. Der Weg in die Tiefe sieht wie folgt aus:

1. Wahrnehmung der Umwelt durch unsere Sinnesorgane: Riechen, Schmecken, Spüren, Sehen, Hören

2. Wahrnehmung von Gedanken

3. Wahrnehmung von Körperempfindungen

4. Wahrnehmung von Gefühlen

5. Wahrnehmung von tieferen Erfahrungen

Während der Spürsinn nur über unsere Haut geschieht, sind mit den Körperempfindungen auch alle Ereignisse gemeint, die *in* unserem Körper stattfinden. Ausgehend von der Wahrnehmung über die Sinne und der Gedanken, können wir uns so weiter in die Tiefe fallen lassen. Besonderes Augenmerk haben dabei die Gefühle, die wir Schicht für Schicht durchfühlen. So kann es auch passieren, dass wir zu tieferen Erfahrungen gelangen, wie z.B. eine Verbundenheit mit allem (Einssein), ein tiefer Frieden oder unendliche Liebe.

Bevor wir damit loslegen, möchte ich dir noch erzählen, warum das Schulen der eigenen Wahrnehmung so wichtig ist, denn ein Ziel dabei ist das Eintreten in den augenblicklichen Moment.

3.1 Der einzig wahre Moment: Das Jetzt

Willkommen im Jetzt. Jetzt wo du dieses Buch liest und genau diese Zeile mit deinen Augen verfolgst. Du nimmst die Form der Buchstaben wahr. Sie werden in deinem Gehirn zu einem semantischen Inhalt verarbeitet. Du empfängst gerade Informationen.

Lege deinen Fokus weg von den Buchstaben hier und nimm den Raum wahr, in dem du dich befindest. Betrachte deine Umgebung. Das ist das Jetzt. Dies geschieht jetzt. Da bist du, irgendwo in dieser Welt, drinnen oder draußen, um dich herum geschieht etwas oder du bist in der Stille, dein Herz schlägt, dein Bewusstsein blickt durch deine Augen, nimmt Formen, Farben und Bewegungen im Außen wahr, jedoch auch die Bewegungen in deinem Innern.

Dein Atem gleitet durch deinen Körper. Dein Brustkorb bewegt sich auf und ab. Gedanken tauchen vielleicht auf. Auch diese nimmst du wahr. Du bist die Wahrnehmung. Die Wahrnehmung von allem, was in dir und um dich herum geschieht.

Dieser Moment – Jetzt – ist der einzige Moment, in dem das Leben geschieht. In jeder Sekunde, in der du bewusst wahrnimmst, was jetzt gerade geschieht, bist du präsent und dir selbst bewusst. In diesem Zustand bist du dir auch bewusst, was du tust. Deine Handlungen geschehen nicht unbeobachtet. Du wirst zum Beobachter deines Selbst.

In jeder Sekunde, in der du denkst und dadurch deinen Zustand der bewussten Wahrnehmung verlierst, bist du unbewusst. Du bist in der Welt deiner Gedanken gefangen und mit den mentalen Inhalten beschäftigt. Das Leben geht an dir vorbei, mit all dem, was um dich herum und in dir geschieht. In diesem Zustand triffst du unbewusste Entscheidungen und erschaffst dein Leben damit auf unbewusste Weise. Vieles von dem, was du dabei möglicherweise erschaffst, ist nicht im Einklang mit deinem Herzen, mit dem, was du wirklich willst.

Erst, wenn du in den gegenwärtigen Moment eintrittst, kannst du bewusste Entscheidungen treffen, die im Einklang mit deinem Herzen und damit im Einklang mit deinem höheren Selbst sind. Der Weg ins Jetzt ist die Stille, das Pausieren der Gedanken, indem du vollkommen in die Wahrnehmung eintauchst. Wenn du wahrnimmst, kannst du nicht weiter denken. Beides geht nicht gleichzeitig.

Dein Bewusstsein blickt immer durch deine Augen und nimmt die Welt wahr, auch wenn du im Zustand des dauerhaften Denkens und somit in der Unbewusstheit bist. Dann ist sich das Bewusstsein nur seiner selbst nicht bewusst. Erst wenn du dich fragst, wer da gerade durch deine Augen blickt, kannst du diese Erfahrung machen und in das Jetzt erwachen.

Vergangenheit und Zukunft existieren nicht

Es gibt nur den gegenwärtigen Moment. Es ist immer nur Jetzt. In jedem Moment. Das Jetzt ist der einzige Moment, in dem das Leben stattfindet und in dem die Zukunft erschaffen wird.

Alle vergangenen Momente fanden jeweils auch im Jetzt statt. Danach existieren sie nur noch als Erinnerung. Alle zukünftigen Momente werden auch nur im Jetzt stattfinden. Vergangenheit und Zukunft existieren also nicht wirklich. Es existiert nur das Jetzt.

Bist du in Gedanken in deiner Vergangenheit oder deiner Zukunft, nutzt du den augenblicklichen Moment nicht für das lebendige Erfahren, sondern für eine mentale Aktivität. Dann bist du in der Welt deiner Gedanken und nicht in der Gegenwart des weltlichen Geschehens. Bewusstheit wäre, wenn du im gleichen Moment wahrnimmst, dass du denkst. Jeder Gedanke stört jedoch deine Wahrnehmung. Je mehr du denkst, desto weniger kannst du bewusst wahrnehmen.

Weil viele Menschen zwanghaft mit ihrer Vergangenheit und/oder mit ihrer Zukunft beschäftigt sind, ist es wichtig Frieden mit ihnen zuschließen. Alle Gedanken an die Vergangenheit, die negative Emotionen hervorrufen, sind Erinnerungen an offene, seelische Prozesse, die geheilt werden wollen. In den meisten Fällen ist es die Beziehung zu den Eltern, die in den Frieden gebracht werden will. Alle vergangenen Themen, die wir abschließen, sorgen für weniger belastende Gefühle und Gedanken, die von selbst auftauchen. Das macht es uns leichter in das Hier und Jetzt einzutreten.

Ebenso ist es mit der Zukunft. Die meisten Sorgen und Ängste um die Zukunft werden durch die Medien geschaffen und halten uns selbst beschäftigt. Diese als Illusion zu erkennen, weil gegenwärtig keine akute Gefahr besteht, ist ein weiterer wichtiger Schritt, um aufzuwachen. Deshalb ist es so wichtig, sich nicht weiter mit Informationsquellen füttern zu lassen, die dich selbst schwächen. Dazu gehören alle Wege der Medien über Print, TV und das Internet, die Verwendung des Smartphones und der Kontakt zu den Mitmenschen. Dies sind alles Quellen für Informationen, die einen Einfluss auf dich haben, der dich entweder stärkt oder schwächt.

Demnach solltest du alle Quellen ausmisten, meiden und minimieren, die dich unnötigerweise beschäftigt halten, verunsichern oder beängstigen. Zumindest so lange, wie es dich herunterzieht. Es ist deine Entscheidung, wie du mit deiner Aufmerksamkeit umgehst. Bedenke jedoch, dass es das höchste Gut ist, das du hast. Bevor du es für unnötige Gedankenprozesse oder sinnlose Dinge verschwendest, kannst du es für dich und deine Selbstverwirklichung einsetzen.

3.2 Intuitive Impulse der Lebendigkeit

Damit wir uns selbst verwirklichen können, müssen wir in der Lage sein, im Jetzt leben zu können. Der ständige Strom der Gedanken muss pausieren. Die Gedanken an die Vergangenheit müssen ausklingen, in dem man Frieden schließt mit dem, was einmal war. Ebenso muss der ständige Strom der Gedanken an die Zukunft ausklingen. Der überaus große Teil der Ängste, der sich um die Zukunft schert, hat wirklich keinen Nutzen und keine Berechtigung.

> *Angst ist dazu da, um dich hier und jetzt vor*
> *Gefahren zu schützen. Also komm hier und jetzt an.*

Als Selbstverwirklicher leben wir hauptsächlich im Jetzt. Was nicht bedeutet, dass wir nicht mehr unseren Verstand benutzen und nachdenken. Der große Unterschied ist folgender: Wir lassen uns nicht mehr vom Denken regieren, sondern denken bewusst. Das Denken ist dazu da, um Lösungen für Probleme zu finden. Das können wir bewusst tun. Für manche Probleme kann man durch Nachdenken Lösungen finden, darüber, wie man sein Leben am besten lebt, nicht. Hierfür nutzen wir die tiefere Intelligenz, die hervorscheint, wenn die Gedanken pausieren. Selbst Einstein sagte, dass all seine kreativen Geistesblitze in einem Zustand der Gedankenlosigkeit kamen.

Dies ist die Sprache der Intuition. Um sie hören zu können, muss einerseits Gedankenstille da sein und wir müssen präsent sein. Die Zeichen der Intuition kommen, die Frage ist nur, ob wir sie mitbekommen. Stell dir vor, dass der Empfang der Informationen beschränkt ist, die du aufnehmen kannst. Wenn du z.B. Fernsehen schaust, ist dort deine Konzentration und es ist schwer, intuitive Impulse wahrnehmen zu können. Wenn wir Hunger haben, ist das ein sehr starker Impuls, den wir mit Sicherheit wahrnehmen

werden. Die Intuition hingegen, spricht meist sehr leise. Hauptsächlich sind es sanfte Impulse, die uns nach hier oder dort bewegen wollen.

Erst wenn es lebensgefährlich wird und/oder dein höheres Selbst dich aus einer langen Zeit des Schlafens wachrütteln will, können die Impulse stärker werden. An dieser Stelle erzähle ich immer die Geschichte eines Bekannten, der mit seinen Freunden in den Bergen wandern war. Die Landschaft war mit Schnee bedeckt. An einer ganz bestimmten Stelle bekam er den eindeutigen Impuls anzuhalten und umzukehren. Er spürte im Körper, dass er nicht weitergehen wollte. Er teilte seinen Freunden mit, dass er ein unwohles Gefühl hat und es vielleicht besser wäre, umzukehren. Die Freunde wollten weiterwandern. Er ging alleine zurück. Am nächsten Tag erfuhr er, dass seine Freunde alle in einer Schneelawine ums Leben gekommen sind.

Auch Feuerwehrmänner erzählen von diesen Phänomenen, dass sie in bestimmten Rettungssituationen unerklärliche Impulse für Handlungen bekommen. Diese Impulse sind es, die Menschen in letzter Sekunde das Leben retten und weitere Gefahrenquellen beseitigen.

> *Intuition arbeitet in jedem Moment.*
> *Die Frage ist nur, ob du sie nutzt.*

In einem späteren Kapitel wenden wir uns noch der Absicht zu, die das Eintreten von intuitiven Impulsen fördert. Wenn wir uns ein Ziel setzen, kann die höhere Intelligenz für uns arbeiten und uns die gewünschten Antworten über die Intuition liefern. Der Feuerwehrmann hat die Absicht, Menschen zu retten. Wir haben die Absicht, uns selbst zu verwirklichen, unseren Lebenszweck zu leben und damit das Beste zu leben, das uns möglich ist. Auch wenn wir tiefer gehen, spielt die Absicht eine Rolle. Für jedes

Projekt, das wir angehen, muss diese Absicht existieren, privat wie beruflich. Was willst du mit deiner Arbeit bezwecken? Was möchtest du mit deinem Partner erleben?

Wir kommen dazu später noch genauer. In diesem Kapitel wollen wir erst einmal lernen, uns selbst wirklich wahrnehmen zu können. Die Wahrnehmung von sich selbst ist die Voraussetzung, um Intuition überhaupt hören zu können.

Im Gegensatz zum lauten Verstand, ist die Sprache des Herzens eher leise und sanft. Ideen, Geistesblitze, Visionen oder Handlungsimpulse können in jedem Moment aufkommen und deine Aufgabe ist es, diese wahrzunehmen und wenn sie sich richtig anfühlen, ihnen nachzugehen.

Gehen wir nun darauf ein, was wir alles wahrnehmen können. Denn Intuition spricht nicht nur über einen Kanal, sondern im Prinzip über alle Kanäle unserer Wahrnehmung. Es kann z.B. ein Gefühl sein oder ein Bild, das in unserem Kopf auftaucht. Im folgenden möchte ich dir erklären, welche Kanäle dir zur Wahrnehmung generell bereit stehen und wie du sie bewusst nutzen kannst.

3.3 Wahrnehmung der Umwelt

Mit unseren 5 Sinnesorganen haben wir die Möglichkeit, unsere Umwelt wahrzunehmen. Dabei können wir feststellen, dass sich unsere Intensität der Wahrnehmung erhöht, je genauer wir unseren Fokus darauf setzen. Das ist auch das, was wir am Anfang trainieren sollten: Bewusst das wahrnehmen, was wir gerade an Sinneseindrücken empfangen. Wenn wir essen, sollten wir mit dem Fokus beim Schmecken bleiben. Wenn wir in der Natur sitzen, sollte unser Fokus auf das Hören der Geräusche und das Sehen der Bilder liegen. Jede kleinste Bewegung kann so wahrgenommen werden.

Das Wahrnehmen funktioniert natürlich nur, wenn wir dabei den Zustand des Denkens verlassen und wahrnehmen ohne nachzudenken. Versuche so lange wie möglich mit deiner Aufmerksamkeit bei dem zu sein, was du siehst oder hörst.

Wenn wir Dinge tun, kann unsere Wahrnehmung auf unserer Bewegung liegen und der Berührung von Dingen oder Menschen. Z.B. können wir das Wasser und den Kontakt zum Schwamm spüren, wenn wir Abspülen oder den Kontakt zum Wasser am ganzen Körper beim Schwimmen. Selbst wenn der Wind durch dein Haar geht, kannst du das bewusst wahrnehmen.

Versuche einfach, so viel und so detailliert wahrzunehmen, wie es dir möglich ist und so lange wie möglich in diesem Zustand zu bleiben. Mit der Zeit, werden dir viele erfreuende Einzelheiten auffallen, die von den meisten Menschen unentdeckt bleiben. Zudem wirst du auf einmal eine Freude dafür entwickeln, einfach nur zu sitzen und deine Umwelt zu beobachten, weil du feststellt, dass immer etwas passiert.

Die Wahrnehmung der Umwelt bzw. das Nutzen der 5 Sinnesorgane ist die oberflächlichste Ebene dessen, was wir wahrnehmen können. Zudem ist sie auf das Außen gerichtet. Mit der äußerlichen Wahrnehmung sind wir seit dem Beginn der Menschheit ohnehin gut vertraut, da wir uns vor möglichen Gefahren in der Wildnis stets in Acht nehmen mussten. Jeder Schritt konnte damals in der Steinzeit unser Tod sein. Das ist der Grund, warum es uns besser gelingt das Außen wahrzunehmen, als unsere Gefühle im Innern. Mögliche Konzentrationsschwächen resultieren nur aus der Überforderung durch Alltagsstress und der Informationsflut.

Die wahre Herausforderung ist jedoch der Weg nach Innen: Die Wahrnehmung all dessen, was wir in uns entdecken können. Dazu kommen wir in den folgenden Kapiteln. Die Wahrnehmung

der Außenwelt und das, was wir dabei empfangen, ist trotzdem eine notwendige und gute Übung, die auch unsere Konzentrationsfähigkeit schult.

ÜBUNG: DER NEUTRALE BEOBACHTER

Setze dich wie am Anfang des Kapitels beschrieben an einen beliebigen Ort. Das kann z.B. die Fußgängerzone, ein Café oder ein stiller Platz in der Natur sein. Jeder Ort und jede Situation eignen sich dafür, selbst deine eigenen vier Wände. Nimm deine Umgebung und dein Umfeld einfach nur wahr. Bewerte nicht, was du siehst bzw. werde dir der Gedanken bewusst, die beim Beobachten von selbst auftauchen. Nimm das komplette Bild wahr, das du siehst, mit allen Details. Lerne das reine Beobachten in Stille, ohne die Dinge und Menschen weiter zu bewerten, zu interpretieren und über sie zu urteilen.

ÜBUNG: BLIND FÜHREN LASSEN

Vielen geht es so, dass sie mit dieser Übung viel leichter in die vollständige Wahrnehmung kommen können. Du machst sie mit einer vertrauten Person, z.B. einem Freund. Dabei schließt du die Augen und bittest deinen Freund dich durch die Gegend zu führen. Das kann drinnen oder draußen sein. Er nimmt dich dabei nur an die Hand, führt dich herum, und legt deine Hand auf Gegenstände, die du blind durch berühren entdecken kannst. Du wirst feststellen, dass du mit geschlossenen Augen viel intensiver wahrnehmen kannst, vor allem

den Tast- und Hörsinn. Selbst vertraute Umgebungen kannst du auf diese Weise komplett neu entdecken. Zudem ist dies auch eine wundervolle Vertrauensübung, vor allem, wenn man draußen unterwegs ist.

3.4 Verstand: Gedanken beobachten

Mit der Wahrnehmung der Gedanken begeben wir uns auf die erste innere Ebene. Das ist die Ebene, ab der wir beginnen wirklich uns selbst zu erforschen und zu erkennen.

Das Ego formt sich aus Identifikation mit Dingen und Situationen, die nur darauf warten, von uns bewusst erkannt zu werden. Im Lichte dieser Aufmerksamkeit betrachten wir uns selbst mit innerer Weisheit und wir können automatisch die Illusion erkennen, die hinter einem Gedanken stecken mag.

Auf diesem Weg der Selbsterkenntnis lernen wir nun, die eigenen Gedanken zu beobachten. Denn wirklich mehr, gibt es auf dieser Ebene nicht zu tun. Du betrachtest deine Gedanken, ohne darüber zu urteilen, ohne zu bewerten und ohne sich in gedanklichen Geschichten zu verstricken.

Du lernst, aus der fortlaufenden Geschichte auszusteigen und die Gedanken von außen zu betrachten. Dies ist das Ende der „Daily Soap", des unendlichen Dramas, das wir unnötigerweise zum Hauptinhalt unseres Lebens machen, solange wir diese Geschichten glauben.

Solange wir im Drama stecken, sind wir nicht in der Lage unserer Selbstverwirklichung nachzugehen. Im Drama spielen wir eine Rolle, die wir uns selbst jeden Tag einreden und jeden Tag aufs Neue spielen. Das Leben ist ein Spiel, aber die Meisten spielen es auf eine Weise, die sie selbst unglücklich macht, ohne dass sie sich dessen bewusst sind.

Du kannst in jedem Moment aus dieser Geschichte aufwachen und ein Leben gestalten, dass mehr im Einklang mit dem ist, was du von Herzen wirklich willst; anders gesagt: was deinem Lebenszweck und deiner Passion entspricht. Beginne keinem Gedanken mehr blind zu glauben. Keinem!

Je mehr du deine Gedanken beobachten kannst, desto bewusster wirst du dir selbst. Dein Bewusstsein dehnt sich dadurch immer weiter aus. So hast du überhaupt erst die Wahl, dich von der Identifikation mit den Gedanken zu lösen.

> *Die neutrale Beobachtung deiner Gedanken sollte*
> *von jetzt an zu deiner Haupttätigkeit werden.*
> *Immer und überall.*

Das Kuriose ist, dass sich das Ego selbst an Gedanken ergötzt, die mit deinem Leid verbunden sind. So interpretiert es deine Vergangenheit und die gegenwärtigen Geschehnisse auf eine Art, die für deine Herzlichkeit und dein Glück schädlich sind. Vor allem wenn noch Schmerzen aus der Vergangenheit in uns unverarbeitet gespeichert sind, strebt das Ego danach, diese Schmerzen immer wieder neu zu erleben. Daraus formt es seinen Lebensinhalt und seine Existenz. Es erfreut sich sogar am eigenen Drama und liebt es zu kämpfen und zu streiten, sich selbst und andere zu vernichten, sich zu trennen, abzukapseln und zu verletzen.

Wenn du dir dessen bewusst wirst und die Entscheidung fällst, dass du auf diese selbstzerstörerische Weise nicht weiter leben willst, bist du bereit zum Aufwachen. Der erste Schritt dazu ist das bloße, liebevolle Beobachten deiner Gedanken.

Eine weitere Hauptbeschäftigung des Egos ist es, alle Eindrücke zu bewerten und zu vergleichen. Man vergleicht dabei sich selbst mit anderen mit der Absicht, möglichst gut oder schlecht dazustehen. Das Ziel ist das Pflegen und Erfüllen einer selbsterfundenen

Rolle, wie z.B. „das Opfer" oder „der Erfolgreiche". Es geht dabei nicht darum, glücklich zu sein, sondern diese Rolle zu erfüllen. Das gibt dem Ego Selbstbestätigung, was die Nahrung des illusionären Selbstbildes ist und für ein künstliches Selbstwertgefühl sorgt.

> **ÜBUNG: TÄGLICHES SCHREIBEN**
>
> Dies ist eine der wichtigsten Übungen für den Anfang. Wenn du nicht weißt, mit welcher Übung du anfangen sollst, dann mache auf jeden Fall diese. Das Schreiben ist ein wundervoller Prozess für deine Selbsterkenntnis. Ich empfehle dir diese Übung täglich, am besten morgens. Ein Buch mit leeren Seiten - dein Journal oder Tagebuch - wird dabei zu deinem neuem Lebensbegleiter und zum wichtigsten Werkzeug deiner spirituellen Arbeit. An einem ruhigen Ort schreibst du einfach alles auf, was gerade an Gedanken in deinem Kopf ist. Alles, was du jetzt denkst und was dich sonst beschäftigt. Das Schreiben ist aus den folgenden Gründen so unheimlich wertvoll und wirkungsvoll:
>
> - Wenn du schreibst, verlangsamt sich dein Denken, weil du nicht so schnell schreiben, wie denken kannst.
>
> - Mit den geschriebenen Worten bekommst du ein direktes Abbild deiner Gedanken.
>
> Dadurch erfährst du unmittelbar, was in dir vorgeht und du wirst dir auf einfache Weise deiner Gedanken bewusst. Wenn du dadurch in einen Schreibfluss kommst, in dem du gar nicht mehr mitbekommst, dass du gerade schreibst, ist das gut. Du kannst deine Worte danach bewusst lesen und mit deiner inneren Wahrheit auf dich wirken lassen. Denke nicht weiter über deine

Worte nach, sondern lass die geschriebenen Gedanken wahrnehmend auf dich wirken. Achte auf die Gefühle und Gedanken, die dabei von selbst aufkommen und nimm sie bewusst wahr.

Du solltest das Schreiben wirklich täglich machen. Definiere dabei eine feste Dauer deiner Schreibzeit. Nutze das Schreiben zusätzlich immer, wenn du dir mehr Klarheit für dich wünschst.

Folgende Fragen kannst du als Einstieg nutzen, falls dir nichts einfällt:

- Was habe ich geträumt?
- Wessen bin ich mir jetzt bewusst?
- Was beschäftigt mich gerade?
- Wer bin ich?
- Was ist wahr?

Schlusswort

Bei all diesen Übungen ist es nicht zwangsweise so, dass viel auch viel bringt. Es geht letztlich um die Gewohnheit, die du dafür kontinuierlich und konsequent durchziehst. Zwinge dich also nicht täglich zu 10 stündiger Meditation, damit du die nach 7 Tagen verzweifelt abbrichst, weil du keinen Erfolg erzielt hast. Wähle lieber eine Länge der Übungen, die du über einen längeren Zeitraum praktizieren kannst. Damit meine ich Wochen und Monate.

Am besten ist es, wenn du die Übungen als Gewohnheit in dein Leben einfließen lässt. So wirst du dir selbst mit der Zeit immer bewusster. Immer weniger Gedanken bleiben unentdeckt und du

lernst dich selbst immer besser kennen. Die Identifikationen werden weniger und immer weniger Dinge rütteln an deinem Glücksempfinden.

Das Glück ist in jedem Moment da, es wird nur durch destruktive Gedanken überlagert.

Lerne im Laufe der Zeit und mit den ersten Praxiserfahrungen aus den Übungen, dass Gedanken keine besondere Bedeutung haben. Die gewöhnlichen Gedanken, die uns den ganzen Tag über beschäftigen, sind meist lediglich das Resultat unserer Vergangenheit. Wir haben sie irgendwann mal irgendwo aufgeschnappt. Sei es durch einen Menschen, durch eine Interpretation aus einem Erlebnis oder durch die Medien. Vergegenwärtige dir, dass Gedanken letztlich am wenigsten mit dem zu tun haben, was du in Wahrheit bist. Die Illusion liegt nur darin, dass du denkst, du seist der Inhalt der Gedanken. Dieser Inhalt ist jedoch beliebig veränderbar und austauschbar.

Du selbst bist nur ein Medium für Gedanken.

Auf diesem Weg widmen wir uns der Stille. Der Ruhe von dem ganzen Lärm der Gedanken, aus dem dein wahres Ich hervorscheinen kann. Durch dein Gefühl. Die tiefere Wahrheit kannst du nur erfühlen.

Gedanken kommen und ziehen vorbei. Es liegt an dir, ob du die Gedanken festhältst, sie immer weiter denkst, dich darin verlierst. Deine Energie folgt deiner Aufmerksamkeit. Du kannst Gedanken festhalten und dich endlos mit ihnen beschäftigen, dafür musst du ihnen jedoch deine Energie geben. Falls du das in Zukunft bei bestimmten Gedanken nicht mehr willst, z.B. weil sie dir unnötig Energie und Zeit rauben, verlagerst du deine Aufmerksamkeit auf die urteilsfreie Wahrnehmung dessen, was

jetzt gerade geschieht. Das ist im besten Fall der Weg nach Innen, indem du deinen Körper und deine Gefühle wahrnimmst. Dazu kommen wir jetzt im folgenden Kapitel.

> **ÜBUNG: DAS BEWERTEN UND VERGLEICHEN ERKENNEN**
>
> Diese Übung erstreckt sich über deinen ganzen Tag. Versuche in deinen Gedanken und Worten all deine Bewertungen und Vergleiche zu erkennen, die du über dich, andere und die Welt machst. Manche Bewertungen mögen sinnvoll sein, manche kannst du in Wahrheit nicht bestätigen, sondern sind reine Interpretation. Erkenne deine Interpretationen und achte auf das Gefühl, das von ihnen ausgeht. Was dich hinabzieht brauchst du nicht mehr zu glauben (mal davon abgesehen, dass jede Interpretation rein erfunden ist und nichts mit der Wahrheit zu tun haben muss).

> **ÜBUNG: EINFACHE MEDITATION**
>
> In einer einfachen Art der Meditation sorgst du für einen Raum, wo du ungestört und bequem aufrecht sitzen kannst. Du kannst dich dabei auch anlehnen. Schließe deine Augen.
>
> Entspanne deinen Kiefer und lass deinen Atem durch den leicht geöffneten Mund fließen. Dies ist am Anfang ungewohnt, soll aber die Grundlage all unserer Meditationen sein. Dadurch können wir viel leichter loslassen. Nehme selbst wahr, wie viel einfacher der Atem nun fließen kann.

Lege deine Aufmerksamkeit auf deinen Atem und verfolge das Strömen. Mache dir auch die Bewegungen bewusst, die beim Atmen geschehen: Die Bauchdecke geht nach vorne beim Einatmen und senkt sich wieder beim Ausatmen. Spüre die Luft, wie sie in deinen Mund einströmt und in dir hinabgleitet.

Versuche so lange wie möglich bei der Wahrnehmung deines Atems zu bleiben. Dabei kommen natürlich Gedanken auf. Diese nimmst du einfach nur wahr. Du sagst „Hallo", verabschiedest dich von ihnen und widmest dich wieder der Wahrnehmung deines Atems.

Versuche soweit es geht, nicht in die gedankliche Geschichte einzusteigen. Mache dir aber die Lust bewusst, die sich womöglich danach sehnt, sich in diesen Gedanken zu wälzen. Bleibe weiter präsent und verfolge deine Atmung. Diese Übung kannst du immer und überall anwenden, auch parallel zu all deinen Aktivitäten. Etabliere sie als Gewohnheit, indem du sie täglich mindestens 10-15 Minuten machst.

3.5 Körper: Empfindungen spüren

Die oberflächlichste Ebene der Selbstwahrnehmung sind die Gedanken. Sie sind derart flüchtig, auch wenn bestimmte Gedanken immer wieder kommen können. Diese sind dann jedoch nur ein Ausdruck von unterdrückten Gefühlen aus der Vergangenheit. Gedanken, Körperempfindungen und Gefühle sind letztlich eins und stehen in Wechselwirkung. Gedanken rufen Empfindungen im Körper und Gefühle hervor. Ein Gefühl kann ebenfalls von Gedanken und Empfindungen begleitet werden. Beginnen wir unsere Aufmerksamkeit auf eine Empfindung zu legen, können dabei auch Gedanken und Gefühle auftauchen.

Mit der Wahrnehmung des Körpers gehen wir eine Ebene tiefer auf der Reise zu unserem Inneren. Auch wenn Gefühle mit Körperempfindungen zusammenhängen können, so sind sie niemals das Gleiche. Es sind zwei komplett separate Ebenen, die wir getrennt voneinander wahrnehmen können. Natürlich stehen sie im Kontakt zueinander, aber sie haben auch ihr eigenes Leben und ihr eigenes Bewusstsein.

Die Empfindungen sind Teil unseres physischen Körpers. Nur durch unseren Körper sind wir in der Lage, diese zu spüren. Die Gefühle sind Teil des Gefühlskörpers, der in einer feinstofflichen Schicht um unseren Körper herum liegt, in der Aura.

> *Gedanken, Körperempfindungen und Gefühle sind eins. Alle sind miteinander verwoben und verbunden.*

Ein Gefühl können wir also nicht lokal im Körper bestimmen. Fühlen wir z.B. eine Angst, so können wir zu dem Gefühl jedoch eine eher eisige Kälte im Zentrum unseres Körpers spüren, im sog. „Solar Plexus", der sich direkt unterhalb von unserem Brustkorb befindet. Dies ist ein gutes Beispiel, bei dem wir wahrnehmen können, wie eine Körperempfindung mit einem Gefühl einher geht. Fühlen wir Freude, können wir das durch ein wohliges, warmes Kribbeln im Bauch wahrnehmen, das sich bei einer besonders großen Freude auch weiter im Körper ausdehnen kann.

Zum besseren Verständnis müssen wir von nun an also klar zwischen den Empfindungen und den Gefühlen unterscheiden. Diese Unterscheidung wollen wir uns gleich am besten auch durch unsere Sprache angewöhnen. Deshalb werden Empfindungen im Körper „gespürt" und Gefühle „gefühlt". Spüren findet also im Körper statt, während das Fühlen nur die Gefühle meint.

Was können wir spüren?

Unser Körper ist in der Hinsicht ein wahres Geschenk, der unsere Reise hier durch die Erde wahrlich bereichert. Er ist nicht nur unser Gefährt mit vielen Sinnen, mit dem wir uns frei durch die Welt bewegen und sie wahrnehmen können, sondern wir können dabei auch die unterschiedlichsten Empfindungen im Körper spüren.

Eine der direktesten und stärksten Empfindungen ist der Schmerz. Dank ihm, können wir uns vor Gefahren schützen, weil wir wissen, dass diese Empfindung uns schaden würde. So haben wir gelernt, unsere Hand nicht ins Feuer zu halten oder vorsichtig mit dem Messer umzugehen. Diese Art von Schmerz dient auch dazu, dass wir für unseren Körper sorgen, sofern er verletzt ist.

Die einfachste Empfindung, die wir bei gegebener Selbstverbundenheit ohne weiteres sehr schnell spüren können, ist eine wohlige Wärme. Diese kann sich an beliebigen Stellen im Körper befinden. Lenken wir in der Meditation unsere Aufmerksamkeit auf unseren Körper, können wir die Wärme an einer beliebigen Stelle hervorrufen. Sie erscheint dort, wo wir mit unserer Aufmerksamkeit verweilen.

In der Praxis hat sich gezeigt, dass sich der Bauch als emotionales Zentrum besonders gut dafür eignet, diese Wärme zu empfinden. Atme einfach in deinen Bauch und nimm die Bewegungen der Bauchdecke wahr. So wirst du dort mit etwas Übung sehr schnell etwas spüren können.

> *Je besser die Verbindung zu deinem Körper ist,*
> *desto schneller kannst du eine Empfindung an*
> *einer beliebigen Stelle spüren, bis hin zu einem*
> *andauernden Spüren deiner inneren Lebendigkeit,*
> *die dich deinen Tag über begleitet.*

Am Anfang mag es sehr ungewohnt sein, den eigenen Körper wahrzunehmen. Das liegt daran, dass wir es nicht gewohnt sind. Wir haben durch Erziehung und Schule gelernt, unseren Körper einzusetzen, aber wurden nicht in der Wahrnehmung geschult. Das ist es, was wir jetzt nachholen wollen, weil es für deine Selbstverwirklichung essentiell ist.

Entscheidend ist, wohin du deine Aufmerksamkeit richtest. Du kannst sie an eine beliebige Stelle bzw. auf eine beliebige Sache richten, außerhalb von dir, oder in deinem Innern. Üben wir nun die Wahrnehmung deines Körpers.

Solltest du am Anfang keine Erfolge bei den Übungen haben, ist es nur eine Frage der Zeit, bis du etwas spürst und fühlst. Wichtig ist, dass du die Übungen in dein Leben integrierst und regelmäßig machst.

ÜBUNG: KÖRPERTEILE SPÜREN

Kannst du spüren, dass sich deine Körperteile an deinem Körper befinden? Lenke deine Aufmerksamkeit auf deine rechte Hand und verweile dort mit deinem Fokus. Du atmest weiter ein und aus und kehrst immer wieder zur rechten Hand zurück. Kannst du spüren, dass sie *da* ist und sich an deinem Körper befindet? Natürlich weißt du, dass sie da ist, aber kannst du sie spüren? Mit etwas Übung wirst du ihre Lebendigkeit wahrnehmen können, was eine eindeutige Referenz ist. Auf die gleiche Weise kannst du mit deinen anderen Gliedern vorgehen, auch den Beinen, Armen, Füßen und dem Kopf.

Die Energie im Körper verteilen

Durch das bewusste Spüren des Körpers verteilen wir die Energie im Körper. In einer Gesellschaft des Denkens ist es nicht ungewöhnlich, dass sich die Energie im Kopf anstaut. Wenn wir ständig nachdenken, sammelt sich im Kopfbereich Energie, was wir durch eine gestaute Wärme und Druck, bis hin zu Kopfschmerzen wahrnehmen können, wenn wir genauer in unseren Körper hineinspüren.

Egal worauf wir unsere Aufmerksamkeit richten, an diese Stelle fließt immer unsere Energie. Ein Anzeichen von Gesundheit ist es, wenn Energie gleichmäßig verteilt ist. Um das besser zu verstehen, hilft das folgende Bild von einem Fluss in der Natur.

> *Wird ein künstlicher Damm errichtet und das Wasser angestaut, passiert folgendes: Die Landschaft oberhalb des Damms hat zu viel Wasser. Pflanzen und Tiere ertrinken, während die Pflanzen und Tiere unterhalb des Damms zu wenig Wasser haben und verdursten. Zudem können Fische und andere Wassertiere nicht mehr ihren Weg gehen, sondern ihr erreichbares Gebiet wird durch den Damm begrenzt.*
>
> *Der natürliche Zustand ist gegeben, wenn das Wasser frei fließen kann. Die komplette Landschaft wird dadurch belebt. Niemand hat zu viel oder zu wenig. Alle Lebewesen können frei leben und sich entfalten.*

Alles was lebt, wird von Energie durchzogen. Genauso, wie ein Auto Benzin braucht, braucht der Mensch ebenfalls Energie, um zu leben. Diese Energie nennen wir Lebensenergie. Die Chinesen nennen sie „Qi", die Japaner „Ki", Wilhelm Reich „Orgon" und letztlich meinen alle dasselbe.

Unser Körper ist ebenfalls so eine Landschaft, die von einem Netz von Lebensenergie durchzogen ist, ähnlich wie unsere Blutlaufbahnen. Lebensenergie ist mit dem bloßen Auge für die Meisten nur nicht sichtbar. Wir können sie nur spüren. Wir haben sieben große Energiezentren, die jeweils ihren eigenen Haushalt an Energie haben und zwischen denen die Energie im besten Fall durch all unsere Glieder zirkuliert (siehe Illustration 1: Energiezentren im Körper (Chakren), Seite 81). Die gängige Bezeichnung der Energiezentren ist „Chakren".

Energie im Fluss ist lebensförderlich.
Gestaute Energie an einem Ort ist
lebensgefährlich.

Ein Mangel an Energie oder eine Störung im Energiefluss wirkt sich durch eine generelle Lustlosigkeit, Trägheit und Müdigkeit aus. Sind wir gut mit Energie versorgt, ist die Folge Motivation, Begeisterung und der Drang nach Selbstentfaltung. Deshalb ist es so wichtig, an dieser Stelle auch für seinen eigenen Energiehaushalt zu sorgen. Dazu kommen wir gleich noch.

Machen wir es zu unserer Praxis, regelmäßig unseren Körper mit unserer Aufmerksamkeit „abzuscannen", und auch innerlich zu durchwandern, ist das ein wunderbarer Weg zur Selbstwahrnehmung, der natürlich auch die eigene Gesundheit fördert.

Ständiges Nachdenken, Grübeln und das Beschäftigen des Verstandes ist meist einfach nur eine Gewohnheit, die wir nun umkehren und auf die Wahrnehmung von Körper und Gefühl verteilen können. Die vormals im Kopf angestaute Energie kann sich durch das Verlagern unserer Aufmerksamkeit im Körper verteilen. Dadurch sind wir auch erst in der Lage zu fühlen. Wir brauchen auf dem Weg zur nächst tieferen Ebene der Gefühle die Brücke über den Körper.

Illustration 1: Energiezentren im Körper (Chakren)

7. Chakra: Scheitel-Chakra
6. Chakra: Stirn-Chakra (drittes Auge)
5. Chakra: Hals-Chakra
4. Chakra: Herz-Chakra (spirituelles Herz)
3. Chakra: Milz-Chakra (Nabelzentrum)
2. Chakra: Sexual-Chakra
1. Chakra: Wurzel-Chakra

Aufgrund der existierenden Angst vor den Gefühlen, können wir auch verstehen, warum wir so viel im Kopf sind, denn dort fühlen wir uns vor unseren Gefühlen in Sicherheit. Eine gegenwärtige Angst können wir hingegen erst so richtig fühlen, wenn wir auch an die betreffende Stelle in unserem Körper hin spüren. Möchtest du dies mit einer neuen Gewohnheit fördern, lege deine Aufmerksamkeit tagsüber immer wieder auf deinen Atem oder an eine beliebige Stelle im Körper.

ÜBUNG: ZIRKULIERENDER ATEM

Langfristig versuchen wir auf Visualisierungen zu verzichten. Um am Anfang jedoch die Verbindung zu Körper und Gefühlen zu stärken, kann es bei der Meditation helfen, wenn wir geringfügig unsere Vorstellungskraft nutzen.

Wie in Illustration 1: Energiezentren im Körper (Chakren) auf Seite 81 zu sehen ist, liegen alle Energiezentren übereinander. Mit dem Atem haben wir den größten Einfluss darauf, ob und wie sich unsere Energie im Körper verteilt.

Um den Energiefluss im Körper zu fördern, stelle dir die folgende Atmung vor: Beginne damit, in dein Wurzelchakra einzuatmen und stelle dir vor, wie du an diesem Punkt die Energie von außen in dich „einsaugst". Das Wurzelchakra befindet sich am Damm (zwischen After und Geschlechtsorgan). Es reicht aber auch, wenn du einfach nur in dein Becken atmest.

Beim Ausatmen stellst du dir vor, wie die Energie nun nach oben durch alle anderen Chakren fließt, bis sie aus der Mitte deines Kopfes hinausströmt. Um diesen Verlauf des Energieflusses visualisieren zu können, musst du langsam und so tief es geht atmen.

> Beim nächsten Einatmen machst du das Gleiche, nur anders herum. Du atmest die Energie von außen oben über deine Kopfdecke ein, verteilst sie beim Ausatmen nach unten und lässt sie am Wurzelchakra abfließen.
>
> Auf diese Weise zirkuliert der natürliche Energiefluss im Körper. Die beiden Richtungen laufen in jedem Moment parallel ab. Tatsächlich fließt die austretende Energie am Kopf in einer 3-dimensionalen Fontäne außerhalb des physischen Körpers wieder nach unten direkt ins Wurzelchakra, und ebenso auch umgekehrt von der Wurzel hinauf zum Kopf. Sich dies vorzustellen ist nur sehr schwierig, weshalb du mit dieser vereinfachten Übung beginnst. Auf diese Weise kannst du deinen Energiefluss unterstützen und verstärken.

Die Energie im Körper erhöhen

Unseren Körper können wir erst so richtig spüren, wenn er auch mit Energie versorgt und gut durchflutet ist. Letztlich ist es nämlich die Energie, die wir im Körper durch ein Kribbeln, Kitzeln, Wärme, Kälte, Hitze, Druck, Enge, ein Pulsieren oder Strömen wahrnehmen können.

> *Je besser unser Energiehaushalt ist, desto leichter fällt es uns, etwas im Körper wahrzunehmen.*

Der Energiefluss im Körper wird u.a. durch Bewegung gefördert. Tägliches Sporttreiben oder wenigstens eine halbe Stunde Laufen sollte das Mindeste sein. Dazu ein tiefes und volles Atmen, das bis in den Bauch hinab geht. Atmen ist nämlich nichts anderes, als Energie tanken. Die Bürojobs haben nur dafür gesorgt, dass wir durch das ständige Stillsitzen zu wenig atmen und uns somit auch auf einem geringen Energielevel aufhalten. Mache deine ersten Erfahrung mit der Magie der Atmung durch die folgende Übung.

ÜBUNG: VOLL UND TIEF ATMEN

Lege dich bequem hin und schließe die Augen. Atme durch die Nase oder den leicht geöffneten Mund. Wenn du durch die Nase atmest, dann atme durch den Mund aus, damit Anspannung abfließen kann.

Entspanne dich komplett und vor allem die Region um deinen Bauch herum. Nimm für einige Minuten deinen Atem wahr.

Beginne im nächsten Schritt vollständig einzuatmen. Ist der normale Zug des Einatmens abgeschlossen, atme noch mehr ein, bis wirklich dein völliges Fassungsvermögen erreicht ist. Du wirst dabei feststellen, dass ungefähr noch ¼ mehr Luft in dich hineinpasst.

Dann atme direkt ohne Pause wieder vollständig aus. Ist der normale Zug des Ausatmens abgeschlossen, atme noch mehr aus. Drücke deinen Bauch nach unten, bis wirklich gar keine Luft mehr in dir ist. Dabei kannst du feststellen, dass ungefähr noch ¼ mehr Luft entweichen kann. Atme danach direkt wieder ein ohne eine Pause zu machen. So wird das Ein- und Ausatmen miteinander verbunden.

In dieser Übung bist du dazu eingeladen, deine Grenzen zu erfahren. Auch wenn es etwas spannt und zwickt mag. Dies sind Verspannungen im Brustkorb und am Bauch, die durch diese volle Atmung gelockert und gelöst werden. Nehme dies wahr und spüre es urteilsfrei.

Atme tief und voll. Überlasse es dabei deinem Körper, inwieweit er in deinen Bauch und/oder in deinen Brustkorb atmet. Versuche nichts zu kontrollieren, sondern vertraue deinem Körper.

> Mache dies für 15-30 Minuten. Diese Übung eignet sich auch sehr gut für eine Partnerarbeit, bei der dich ein vertrauter Mensch beim Atmen begleitet und dich immer an das volle Ein- und Ausatmen erinnert.
>
> Spüre währenddessen wie sich dein Körpergefühl verändert. Du wirst möglicherweise Energie an den verschiedensten Stellen in deinem Körper spüren, durch Wärme, Kribbeln, Pulsieren und Vibrieren. Auch Kälte kann eintreten oder dass Hände und Mund „einschlafen". Das ist völlig normal, unbedenklich und vergeht nach der Atemarbeit mit der Zeit wieder.
>
> Vertiefen kannst du dies in der **geführten Atemmeditation**, die ich dir begleitend zum Buch sehr empfehle. Du findest sie im Ressourcenbereich zum Buch auf Seite 183.

Energieerhöhung durch Ernährung

Des Weiteren ist unsere Ernährung fundamental für unseren Energiehaushalt und unsere Bewusstheit verantwortlich. Durch unser Essen haben wir ebenfalls einen direkten Einfluss auf unser körperliches, geistiges und seelisches Wohlbefinden. Im Folgenden bekommst du ein paar Tipps.

Hilfreich ist eine Ernährung, die auf viel Obst, viel Gemüse und Nüssen beruht. Das sollte den Großteil deiner Ernährung ausmachen. Dazu Saaten, Kerne, Trockenfrüchte, Erbsen, Linsen und andere Hülsenfrüchte, ebenso Hirse, Amaranth und Quinoa. Das Wichtigste ist natürlich viel stilles Wasser.

Energiehemmend sind Dinge wie Getreide (vor allem Weizen), Fleisch, Milchprodukte, weißer Zucker, Süßigkeiten, industriell verarbeitetes Essen und Fertigprodukte. Diese enthalten an sich wenig Lebensenergie oder sind einfach nur schwer verdaulich bzw. ungesund.

Das ist eine sehr grobe jedoch gute Richtlinie für dich, wenn du ein Interesse daran hast, deinen Haushalt an Lebensenergie zu erhöhen. Im ersten Buch (siehe Seite 191) steige ich viel tiefer in das Thema Ernährung ein, dort erwarten dich viele weitere Tipps und Inspirationen.

Energieblockaden lösen

Verspannungen finden sich so gut wie in jedem erwachsenen Körper. Ungefühlte Gefühle und andauernder Stress sorgen dafür, dass der Körper sich permanent anspannt. Es ist ein Schutz, um Gefühle nicht zu fühlen.

Ein Gefühl ist ebenfalls nichts weiter als eine Form von Energie. Fühlen wir ein Gefühl nicht, bleibt die Energie an der entsprechenden Stelle im Körper stecken. Dort halten wir sie unbewusst fest und eine dauerhafte Verspannung entsteht. So blockiert diese Verspannung den weiteren Fluss von Lebensenergie. Solange Verspannungen im Körper existieren, sind wir nicht in der Lage, unser volles Potenzial an Energie zu nutzen.

Auf dem Weg der Selbstverwirklichung kommen wir deshalb nicht an der Arbeit mit dem Körper und dem Lösen von Verspannungen vorbei; aus den folgenden Gründen:

1. Erst mit einem entspannten Körper sind wir in der Lage, unser volles Energiepotenzial in Erfahrung zu bringen und für unseren Ausdruck in der Welt zu nutzen.

2. Erst mit einem entspannten Körper können wir uns viel leichter fühlen und uns der spirituellen Reisen nach Innen widmen.

3. Erst mit einem entspannten Körper sind wir in der Lage, Gefühle vollständig zu durchfühlen und unsere Intuition wahrzunehmen.

Unser volles Potenzial kommt im Zustand der völligen Entspannung zum Vorschein. Du kannst dies selbst für einen Moment testen. Stell dich hin und spanne wirklich alle Muskeln an, die du nur anspannen kannst. Wie gut kannst du dich bewegen? Wie flexibel bist du? Wie gut kannst du dich und deine Umwelt wahrnehmen?

Vergegenwärtige dir, dass dich ein Zustand von Anspannung in deiner Lebendigkeit einschränkt, während deine Energie im Zustand der Entspannung so richtig fließen kann. Um deine Verspannungen zu lösen, können wir deinen Körper als Ausgangspunkt verwenden, müssen dabei jedoch auch die Ebene des Gefühls und der Gedanken berücksichtigen.

Unter einer Verspannung sitzt ein Gefühl aus der Vergangenheit. So gab es einen Zeitpunkt, an dem wir dieses Gefühl nicht fühlen wollten und wir uns angespannt haben. Dadurch haben wir das Gefühl zwar nicht gefühlt, jedoch in unserem Körper festgehalten.

Heute ist es wichtig, die Verspannung zu lösen und das Gefühl dahinter zu durchfühlen. Sehr wahrscheinlich kommen dabei auch die Erinnerungen an die Vergangenheit hoch, die einfach nur wahrgenommen werden wollen. Das Gefühl will gefühlt werden und die Situation will ein letztes Mal bewusst durchlebt werden. Dies zu wissen, ist zur Vorbereitung für die folgende Übung wichtig.

Das Schöne an der folgenden Übung ist, dass wir mehrere Fliegen mit einer Klappe schlagen. Zum einen lösen wir unseren Körper, wodurch wir Empfindungen besser spüren und Gefühle leichter fühlen können – unsere Lebendigkeit steigt. Zum anderen lernen wir, Schmerz zu durchfühlen. Generell besteht eine Abneigung davor, schmerzhafte Gefühle zu fühlen. Da dies jedoch langfristig unvermeidbar ist, können wir hiermit lernen, uns dem

Schmerz zu öffnen, ihn zu durchfühlen, ohne davor wegzurennen. Warum dies so wichtig ist, lernen wir noch im nächsten Kapitel beim Umgang mit den Gefühlen.

> **ÜBUNG: SCHMELZATEM**
>
> Für diese Übung brauchst du einen vertrauten Partner und einen ruhigen Ort, an dem ihr euch fallen lassen könnt. Einer nimmt dabei die Rolle des Masseurs ein, während der andere „Klient" ist und sich behandeln lässt. Diese Übung ist so einfach, wie wirkungsvoll. Fast alle Behandlungsmethoden beruhen darauf. Da es so einfach ist, könnt ihr das auch.
>
> Der Klient legt sich auf den Bauch, schließt die Augen und entspannt sich, soweit wie möglich. Der Masseur sucht nun Verspannungen am Rücken und den Schultern. Am besten ist es, hier punktuell mit den Fingern vorzugehen. Du drückst z.B. mit dem Daumen oder Zeigefinger auf die Flächen am Rücken, unter denen sich nicht unmittelbar ein Knochen befindet.
>
> Entdeckst du dort eine Art Knorpel, handelt es sich wohl um eine Verspannung. Drückst du sie und der Klient empfindet dabei Schmerzen, ist das ein passendes Anzeichen dafür. Dann drückst du diesen Punkt mit gleichbleibender Kraft für ca. 3 Minuten. Es ist wichtig, den Druck nicht zu variieren, sondern einmal bis 70% der Schmerzgrenze zu gehen und diesen Druck dann zu halten. So kannst du merken, wie die Verspannung abnimmt.
>
> Damit das passiert, muss der Klient aktiv mitmachen. Das Wichtigste dabei ist seine Atmung. Sie muss tief und voll sein, während seine Aufmerksamkeit genau an dieser Stelle des Schmerzes ist. Durch das Atmen an diese Stelle wird die Verspannung gelöst. Das damit

> einhergehende Gefühl will nur gefühlt werden. Sollten Bilder aus den Erinnerungen auftauchen, möchten diese einfach nur gesehen werden.
>
> Die Aufgabe des Masseurs ist es, den Klienten immer wieder an das volle Atmen zu erinnern und Rücksprache zu halten, ob der Schmerz nicht zu stark und nicht zu schwach ist, also etwa bei 70%.
>
> Danach kann der Masseur den Punkt etwas verreiben und den nächsten suchen. Manche Verspannungen sind auch flächig, fast schon wie eine Schicht Beton. Für diese Fälle oder um eine tieferliegende Verspannung zu erreichen, können wir auch den Ellbogen nutzen. Mit dieser Technik hast du jedoch kein Empfinden für das Abnehmen der Verspannung. Die Intensität ist sehr stark, weshalb du damit nur vorsichtig arbeiten solltest.
>
> Eine Session dieser Art von Körperarbeit könnt ihr 30-60 Minuten machen, inkl. einer Ruhephase von mind. 10 Minuten. Danach könnt ihr bei Bedarf und Stimmigkeit die Rollen wechseln.

~

Wie du vielleicht siehst, ist der Schmelzatem auch eine wunderbare Art, die Aufmerksamkeit auf den Körper zu verlagern und deine Konzentrationsfähigkeit zu schulen. Der Partner sollte dich bei dieser Übung immer wieder daran erinnern, tief zu atmen, alles zu fühlen, was dabei aufkommt und mit der Aufmerksamkeit an diesem Punkt zu bleiben.

~

Viele weitere, wichtige Körperübungen, um Verspannungen zu lösen und den Körper durchlässig für Gefühle zu machen, findest du im zweiten Buch (Seite 191).

Übung: Körpermeditation

Übe deinen Körper zu spüren. Setze dich bequem hin, schließe deine Augen, entspanne deinen Kiefer und lass ihn locker hängen, dein Mund ist leicht geöffnet, sodass du viel leichter atmen kannst. Nehme wahr, wie leicht dein Atem durch deinen Mund hinab in deinen Körper fließt. Atme bis in den Bauch hinab, fülle diesen mit Luft und dann den Brustkorb. Auch wenn Gedanken kommen, kehrst du immer wieder zum Atem und deinem Bauch zurück. Beim Ausatmen kannst du beachten, dich immer weiter zu entspannen und Anspannung loszulassen. Mache dies für 3-5 Minuten oder länger.

Im nächsten Schritt spürst du in deinen Körper hinein und schaust, ob du an irgendeiner Stelle eine Empfindung spürst. Ein Ziehen, wohlige Wärme, eisige Kälte, ein Kribbeln, Schmerz oder etwas anderes. Bleibe mit deiner Aufmerksamkeit an diesem Punkt. Nehme die Empfindung neutral und liebevoll wahr, ohne dass du etwas bestimmtes willst. Du willst dich weder an eine schöne Empfindung klammern, noch eine schmerzhafte weghaben wollen.

Nehme wahr, wie sich die Empfindungen von selbst verändern. Du schenkst ihnen einfach nur deine Aufmerksamkeit und kannst wahrnehmen, wie sich eine wohlige Wärme eventuell ausdehnt, stärker wird und sich in deinem Körper ausbreitet. Ebenso kann es passieren, dass dir auf diese Weise erst ein Schmerz bewusst wird, der im Alltag des Denkens keine Möglichkeit hatte, von dir wahrgenommen zu werden.

Was auch immer von selbst passiert, nehme dies einfach nur neutral und liebevoll wahr. Am Anfang kann es sein, dass du nicht viel wahrnimmst. Je mehr

du dich jedoch um die Erhöhung deiner Lebensenergie kümmerst und immer wieder die Aufmerksamkeit auf deinen Körper legst, desto schneller und intensiver wirst du ihn spüren können.

Solange keine wahrnehmbare Empfindung auftaucht, bleibst du mit deinem Fokus weiter bei deinem Atem. Da er durch deinen Körper fließt, nimmst du diesen automatisch wahr. Absolut wichtig ist, dass du von gedanklicher Ebene nicht versuchst, etwas zu erzwingen. Du brauchst Geduld und völlige Entspannung. Dies ist ein liebevoller Umgang mit dir selbst und Liebe sollte stets deine Orientierung sein.

Mache diese Übung am besten täglich für 15 Minuten oder länger. Nehme dabei wahr, wie dir die Wahrnehmung deines Körpers immer besser gelingt. Erinnere dich an die Wahrnehmung des Körpers auch den Tag über, wenn du deinen Tätigkeiten nachgehst bzw. in jeder freien Minute.

Mit täglicher Praxis solltest du spätestens nach 2 Wochen Erfolge erzielen, andernfalls praktiziere die Atemmeditation und die Bioenergetikübungen aus dem zweiten Buch (Seite 191). Mit den Bioenergetikübungen kannst du die Blockaden in deinem Körper durch einfache Körperhaltungen lösen.

Schlusswort

Die Arbeit mit dem Körper ist unverzichtbar, wenn du dich selbst verwirklichen willst. Der Körper ist das zentrale Instrument, mit dem du dein Leben erfährst. Durch ihn bist du auch in der Lage, dich mit deinen Gefühlen zu verbinden, die letztlich das Einzige sind, mit denen du die Lebendigkeit des Lebens erfahren kannst.

Der Körper ist auch einer der Kanäle, über den deine Intuition mit dir spricht. Du möchtest wissen, ob du gerade am richtigen Ort bist und das Richtige tust? Spüre in deinen Körper hinein. Zieht es ihn weg oder fühlt er sich hier wohl?

> *Alles in dir möchte einfach nur deine liebevolle Aufmerksamkeit.*

Wer seinen Körper als Kopfmensch gar nicht mehr spürt, für den ist das der erste Meilenstein: Das Verbinden mit dem Körper und dessen Wiederbelebung. Dieser Schritt ist abgeschlossen, wenn du dich physisch lebendig fühlst und Energie hast, es liebst, deinen Körper sportlich einzusetzen und in jedem Moment etwas in deinem Körper spüren kannst. Dann bist du bereit, dich intensiv dem Fühlen von Gefühlen zu widmen, wie wir es im nächsten Kapitel besprechen.

3.6   Gefühlskörper: Gefühle fühlen

Gefühle sind ein subtiles, ungreifbares und mystisches Thema. Die Meisten wissen sehr wenig darüber und doch sind die Gefühle die wichtigste Antwort auf die Frage, was das Leben lebenswert macht. Stell dir ein Leben ohne Gefühle vor. Es wäre fad, langweilig und es bliebe nur eine anhaltende neutrale Gleichgültigkeit.

Erst die Gefühle erlauben es uns, dass wir uns über ein Geschenk freuen, mit einem Freund mitfühlen und uns für die eigenen Bedürfnisse einsetzen können. Mit dem Fühlen verbinden wir uns mit uns selbst, mit Anderen, mit Tieren, mit der Natur und allem, was lebt und existiert.

Gefühle weisen uns den Weg durch das Leben. Sie lassen uns fühlen, was uns gut tut und was nicht, was uns begeistert, was uns belebt und uns Freude bereitet. Es mag Vielen nicht bewusst

sein, aber die Gefühle von Begeisterung, Enthusiasmus und Freude sind die beste Orientierung, um sein Leben auf Erfüllung auszurichten.

Folgen wir der Sehnsucht nach Lebendigkeit, geben wir uns der eigenen Selbstentfaltung hin, die uns immer weiter erkennen und wachsen lässt. Als Kinder haben wir uns ausschließlich auf diese Weise gelebt. Als Erwachsene haben jedoch viele diese leichte, natürliche und gesunde Art, das Leben zu leben, verloren.

Es kamen weitere existenzielle Gefühle von Angst und Sorgen hinzu, die dazu führten, dass wir ein völlig „normales" Leben im Rahmen der gesellschaftlichen Gepflogenheiten führen. Es ist jedoch meist langweilig, energieraubend und bringt einfach keine tiefere Erfüllung.

In meiner Arbeit als Begleiter für Selbstverwirklichung schaffe ich ein Angebot für all die Menschen, die es an der Oberfläche des „normalen" Lebens nicht mehr aushalten (wollen), die sich nach einem tieferen Sinn und Erfüllung sehnen und eben nach Begeisterung und Lebendigkeit.

Dabei kann ich nur eines vermitteln: wie man dem Herzen folgt. Das Herz steht für die Liebe, die Lebendigkeit und die Begeisterung. Um diese leise Stimme der Richtigkeit zu erkennen, ist es wichtig, in Verbindung mit den eigenen Gefühlen zu sein, sie wahrnehmen und unterscheiden zu können.

Darum soll es in diesem Kapitel gehen: Wie wir Bewusstsein in unsere Gefühlswelt bringen und mit unseren Gefühlen auf eine Weise umgehen können, damit eine tiefere Erfüllung zu spüren ist und wir uns selbst verwirklichen. Da die Gefühle den wesentlichen Schritt in die eigene Tiefe ausmachen, werden wir sie hier umso ausführlicher behandeln.

Gefühle geschehen lassen

Ein heilsamer Umgang mit den Gefühlen ist das Geschehenlassen. Das Gefühl, das jetzt gerade da ist, wird einfach nur gefühlt. Es gibt nichts weiter zu tun. Viele Menschen haben nur deswegen ein Problem mit ihren Gefühlen, weil sie etwas tun. Sie wollen bestimmte Gefühle fühlen und andere nicht. Hier tritt ein Kontrollverhalten ein, das den Zugang zu den Gefühlen erschwert. Die Lösung ist, nichts mehr zu kontrollieren, was das Fühlen betrifft.

Fühlen bedeutet einfach nur zu fühlen. Ich meine damit nicht das Ausagieren, also das Tun einer physischen Handlung. So ist es ein weiser Umgang, das Gefühl von Wut z.B. erst mal nur zu fühlen, anstatt es durch wildes Umsichschlagen (verbal und/oder körperlich) auszuagieren und somit nach außen zu bringen.

Durch das Ausagieren geht man wieder vom Gefühl weg, denn die Aufmerksamkeit geht wieder nach außen. Man verschafft sich dadurch vielleicht kurzfristig freie Luft. Der Ursprung ist damit jedoch nicht gelöst und in der nächsten ähnlichen Situation wird einen wieder die Wut überkommen.

> *Eine spirituelle Erkenntnis erhalten wir nicht durch das Ausagieren von Gefühlen, sondern durch das bloße Fühlen.*

Der Weg ist nicht, sich von seinen Gefühlen blind leiten zu lassen, jedoch auch nicht, sie zu unterdrücken. Eine Angst vor den Gefühlen ist hierbei berechtigt. Wenn uns eine Wut fühlen lässt, dass wir unser Gegenüber jetzt am liebsten töten könnten, ist das schon sehr beängstigend. Das Gefühl dann zu unterdrücken ist zwar eine Lösung, aber keine besonders hilfreiche. Durch ein **bewusstes** Durchfühlen solch intensiver Gefühle können wir beim Fühlen bleiben, ohne zum Ausagieren verleitet zu werden. Bewusstheit ist hier die Lösung.

Ein Gefühl zu unterdrücken ist nur dann sinnvoll, wenn einem das Bewusstsein dafür fehlt, bei einer intensiven Wut die Beherrschung zu behalten. Ansonsten ist Gefühle unterdrücken eine schlechte Wahl.

Zum einen kommen wir dadurch nicht zu einer spirituellen Erkenntnis. Diese erwartet uns, wenn wir uns für die Tiefe der Gefühlswelt öffnen, alle Gefühle durchfühlen und damit in einen Zustand von Glückseligkeit eintreten.

> *Bringe in Erfahrung was passiert, wenn du alle Gefühle in deinem Innern durchfühlst. Ohne sie zu unterdrücken und ohne sie auszuagieren.*

Zum anderen können wir nicht unser volles Potenzial entfalten, wenn wir ein Gefühl unterdrücken. Dabei sind alle Gefühle wichtig. Die Wut ist z.B. eine antreibende Kraft. Sie gibt uns den Impuls, etwas anzupacken und zu verändern. Wir wollen durch die Wut eine bestehende Situation nicht mehr länger hinnehmen und setzen uns aktiv für Veränderung ein.

Würden wir konsequent unsere Wut unterdrücken, gäbe es keinen Antrieb mehr, sich für die eigenen Grenzen sowie für die eigenen Träume, Wünsche und Sehnsüchte einzusetzen. Wut ist eine aktive Kraft, die einerseits zerstören kann, was wir nicht lieben und andererseits dazu motiviert, das aufzubauen, was wir vom Leben wirklich wollen.

Ein Leben aufrechtzuerhalten, das wir im Herzen nicht lieben, das gegen unsere innere Natur geht, ist nur möglich, wenn wir jeden Tag die Urkraft unserer tiefsten Wut immer wieder aufs Neue unterdrücken und ihr keinen konstruktiven Raum geben, da sein zu dürfen.

Gefühle wollen uns etwas sagen. Sinnlos ist es, sie zu unterdrücken oder sich blind von ihnen leiten zu lassen. Die Lösung ist das bewusste Durchfühlen. So können auch Entscheidungen getroffen und Handlungen getan werden, die auf Weisheit beruhen.

Das Problem mit dem Gefühle-Unterdrücken

Jedes Gefühl, das wir unterdrücken, sucht sich trotzdem seinen Weg. Wir können Gefühle nicht einfach so „wegmachen". Auch wenn wir sie aus unserem Bewusstsein verbannen, leben sie trotzdem weiter, und zwar im Unterbewusstsein. Dort richten sie dann einen weitaus größeren Schaden an, als uns selbst bewusst und lieb ist.

Aus dem Gefühl entwickeln sich dann unbewusste Verhaltensstrukturen, die nur eines im Sinn haben: das ursprünglich unterdrückte Gefühl wieder an die Oberfläche zu bringen und es erneut zu fühlen. Unterdrücken wir z.B. einen Schmerz, den wir nicht fühlen wollen, können dabei unbewusste Verhaltensmuster entstehen, die sich nach Schmerz sehnen und immer wieder zu Streit und Kampf führen. Es besteht regelrecht eine innere, unbewusste Lust am Drama, in dem das Unterdrückte gelebt wird.

Unterdrückte Gefühle nutzen jede Gelegenheit, um wieder gelebt werden zu können.

Jedoch eben nur an der Oberfläche, solange wir nicht bewusst und konstruktiv mit diesem „Hilferuf" der Gefühle umgehen. Bewusstsein und die Lösung des Gefühls entstehen, wenn wir das ursprüngliche Gefühl des Schmerzes zulassen und es komplett durchfühlen. Dies führt uns unweigerlich in die Vergangenheit zurück, denn dort haben wir in einer überwältigenden Situation irgendwann einmal das Gefühl unterdrückt. Hier sprechen wir dann auch von einer Traumatisierung.

Das Problem mit den ungelösten Emotionen aus der Vergangenheit ist, dass sie wie eine „Eisenkugel am Fuß" wirken. Sie sind ein Ballast, den man ständig mit sich herum trägt. Das macht das Leben schwer und wir können nicht unser volles Potenzial nutzen. Zudem wirken die alten Emotionen durch all unsere Entscheidungen und Handlungen. Unsere Entscheidungen sind also nicht rein und entspringen nicht vollkommen aus unserem Herzen, sondern zum Teil eben noch aus den verletzten Anteilen unserer Vergangenheit.

> *Deine volle Liebe und deine volle Kraft kommen erst zum Vorschein, wenn du im Reinen mit deiner Vergangenheit bist und den Großteil deines emotionalen Ballastes verarbeitet hast.*

Wie Heilung geschieht

Heilung geschieht, indem wir in die Situation zurückgehen, in der wir das Gefühl zuletzt und zum ersten Mal im Leben gefühlt haben. Dabei lassen wir alles zu und öffnen uns immer weiter für das, was da in uns gefühlt werden will. Erst dadurch kann eine wirkliche innere Freiheit eintreten.

> *Alles, was ein Gefühl will, ist einfach nur gesehen und gefühlt zu werden. Dann geht es von selbst wieder.*

Ich bringe an dieser Stelle immer das Beispiel, dass Gefühle wie die eigenen Kinder sind. Sperrt man sie weg, klopfen sie immer weiter an die Türe und wollen zu einem. Sie sehnen sich einfach nur nach Aufmerksamkeit und Liebe. Das ist auch das Einzige, was wir ihnen wirklich geben können. Haben Kinder genug Liebe und Aufmerksamkeit, wollen sie von selbst wieder hinaus und die Welt erkunden.

Das ist im Prinzip der essentiellste und wichtigste Weg, wie wir mit unseren Gefühlen umgehen sollten:

- Dem Gefühl, das jetzt da ist, Aufmerksamkeit schenken.
- Das Gefühl liebevoll „in den Arm" nehmen.
- Das Gefühl einfach nur fühlen.

Dabei unterlassen wir es, das Gefühl zu verändern, es zu transformieren oder sonst irgendetwas damit zu machen. Es gibt nichts zu tun, und das ist gleichzeitig die größte Herausforderung.

Geschehenlassen bedeutet wirklich nichts zu tun. Dabei ist schon Denken „etwas tun". Denken ist die größte Aktivität, welche die meisten von uns jeden Tag ausüben. Sind wir im Denken, sind wir nicht im Fühlen und Wahrnehmen.

Hier erkenne ich klar unsere Herausforderung und gleichzeitig den Weg zu innerem Frieden und zu Balance: Wir müssen unsere Aufmerksamkeit heute viel mehr auf das Fühlen und Wahrnehmen legen.

50/50 ist dabei ein sehr gutes Verhältnis für die Gestaltung des Lebens, wonach wir uns richten können:

- 50% gedankenloses Fühlen und Wahrnehmen im Zustand des inneren Geschehenlassens. Wir sind dabei in der Versenkung und richten unseren Fokus auf unser Inneres. Im meditativen Sein spüren wir unseren Körper, fühlen unsere Gefühle und sind offen für tiefere Erfahrungen.
- 50% Denken, Handeln und Erschaffen für einen Ausdruck in der Welt. Hier sind wir primär mit der Aufmerksamkeit im Außen und in der aktiven Aktion.

Man muss diese Zeiten nicht 1:1 trennen, sondern wir können auch während dem aktiven Tun das passive Tun in uns wahrnehmen. Immer wieder nehmen wir tagsüber die Empfindungen und Gefühle wahr, die in uns geschehen.

> *Die innere Versenkung und das reine Wahrnehmen sollten sich in der Wesensart verankern. Du bist der weise Beobachter dessen, was geschieht. Wenn du agierst, dann tust du das aus deiner inneren Weisheit heraus.*

Gibt man den Gefühlen mehr Raum und Aufmerksamkeit, wirken Gefühle nicht mehr belastend. Denn alles, was wir unterdrücken, hängt uns wie eine Bleikugel am Bein. Unterdrückte Gefühle sind dann wie ein Filter, der sich über unsere Wahrnehmung der Welt legt. Eine unterdrückte Traurigkeit wird zu einer latenten Trauer, die uns immer auf Schritt und Tritt begleitet und die in all unseren Handlungen, Worten und Entscheidungen mitschwingt.

Wer mehr Freude und Begeisterung will, der muss sich konsequent allen Gefühlen öffnen. Wirklich allen Gefühlen, die man bisher lieber nicht so fühlen wollte. Das können Wut, Angst, Traurigkeit oder auch Scham sein. Die Unterscheidung zwischen „guten" und „schlechten" Gefühlen sollte aufhören.

ÜBUNG: REFLEXION DER GEFÜHLSWELT

Mache dir deine jetzige Gefühlswelt bewusst. Du kannst die Gefühle von Wut, Traurigkeit, Angst, Freude und Scham als Ausgangspunkt nehmen. Welche Gefühle fühlst du lieber, welche nicht? Welche Gefühle fühlst du oft, welche weniger? Schreibe auch deine Gedanken über Gefühle auf. Welche Vorurteile hast du über sie?

Die Angst vor den Gefühlen

Die größte Hürde auf dem Weg zum Fühlen, ist die generelle Angst vor den Gefühlen. Wir alle sind davon betroffen und die Angst vor der eigenen Tiefe ist natürlich. Blicken wir auf die Geschichte der Menschheit zurück, waren wir seit Beginn damit beschäftigt, die äußerliche Welt zu erfahren.

Vor allem in den Anfängen, als wir noch in Höhlen geschlafen haben, waren wir ständig Gefahren ausgesetzt. Unsere Aufmerksamkeit musste zwingend ständig im Außen sein, denn überall könnte eine Schlange, ein Skorpion oder ein Säbelzahntiger sein, der uns gefährlich werden könnte. Hätten wir uns zum Meditieren einfach mal alleine in die Steppe gesetzt, wäre das wohl unser Tod gewesen.

Erst heute genießen wir den Luxus, dass wir Ruhe und Sicherheit im Außen haben. Die wilden Tiere sind im Zoo und die Versorgung der lebensnotwendigen Dinge bekommen wir von der Gesellschaft. Wir können uns in Frieden hinsetzen und die Reise nach innen antreten. Ein Privileg, das wir mehr nutzen sollten und das für eine liebevolle Entwicklung des Lebens auf unserem Planeten notwendig ist.

Wir alle haben also Angst vor unseren Gefühlen. Das ist normal. Sie sind subtil, ungreifbar und wir wissen wirklich nicht, was tatsächlich passieren wird, wenn wir das Gefühl zulassen. Diese Angst vor dem Fühlen geht mit der Angst vor dem Tod einher. Manchmal kann eine Wut, eine Traurigkeit oder eine Angst aufgrund der Intensität wirklich den Anschein erwecken, als würden wir dadurch sterben.

Auch wenn manche intensiven Gefühle selbstvernichtend erscheinen, so haben wir als erwachsene Menschen die Sicherheit, dass wir dies trotzdem überleben werden. In Kindeszeiten war unser Herz tatsächlich zu klein, um seelische Verlet-

zungen zu durchfühlen, aber heute ist es unsere Verantwortung, genau dies zu tun, vor allem mit den Gefühlen aus der Vergangenheit.

Damit wir uns dem Fühlen nähern können, ist es also wichtig zu verstehen, dass wir nichts zu befürchten haben. Wir werden das überleben und meist ist es auch so, dass Gefühle ohnehin nur in kleinen Schritten wieder kommen, wenn wir gerade in einem eher gefühlslosen Zustand sind.

Auch die Angst, das ein Gefühl für immer bleiben wird, ist nicht berechtigt. Denn es ist nicht so, dass Gefühle immer bleiben. Sie bleiben nur so lange, wie wir sie nicht fühlen wollen. Dann klopfen sie unentwegt an die Türe und bitten um Aufmerksamkeit.

> *Gefühle bleiben nur, wenn wir sie unterdrücken.*
> *Ein Gefühl geht von selbst wieder, wenn es*
> *durchfühlt wurde.*

Zur Erinnerung: Ein Gefühl will nur gesehen und bedingungslos gefühlt werden. Dann geht es von selbst und ein anderes Gefühl kann kommen. Wer so mit seinen Gefühlen umgeht, kann etwas Wunderbares erleben:

Wenn alle Gefühle durchfühlt sind, tritt innerer Frieden ein und man wird durch das Gefühl der puren Freude am Leben durchflutet. Es warten also große Geschenke auf den, der sich für all seine Gefühle öffnet und sogar der Angst vor den Gefühlen mutig begegnet.

Wie Gefühle aufgebaut sind

Gefühle sind in Schichten aufgebaut. Verschiedene Gefühle liegen hier übereinander und die innere Lösung besteht darin, alles zu erlauben und alles geschehen zu lassen. So wird Gefühl für Gefühl durchfühlt. Ist ein Gefühl „ausgefühlt", kommt das

darunterliegende Gefühl zum Vorschein und wir können es fühlen. Ein wunderbarer Prozess, der auf natürliche Weise von selbst geschieht, wenn wir ihn zulassen.

Schauen wir uns dies an einem Beispiel an: Lisa beschwert sich auf dem Beifahrersitz über Peters Fahrstil und meint, er müsse das Autofahren nochmal richtig lernen. Peter macht dies richtig wütend.

Wenn Wut da ist, ist sie meist an der Oberfläche und überdeckt so gut wie immer ein anderes Gefühl. In diesem Fall kann eine Scham darunterliegen, etwas nicht zu können und falsch zu machen; nicht gut genug zu sein. Darunter kann wiederum eine Angst liegen, Lisa zu verlieren, weil sie mit ihm nicht zufrieden ist. Dann hätten wir folgende Schichten, die es für Peter zu durchfühlen gibt:

1. Die Wut darüber, dass sich Lisa beschwert.
2. Die Scham darüber, etwas falsch gemacht zu haben.
3. Die Angst davor, Lisa verlieren zu können.

Die Verlustangst klingt jetzt auf den ersten Blick möglicherweise etwas übertrieben. Aber das ist es nicht. Jede alltägliche Situation, die einen selbst emotional werden lässt, ist die Brücke zu einem tieferen Gefühl, das sich hier bemerkbar macht. In diesem Beispiel ist es die Verlustangst, die auch in anderen Beziehungen zu Menschen, Jobs oder materiellen Dingen präsent ist.

Um hier „über den Dingen zu stehen", ist es der Weg, genau dieser tieferen Angst zu begegnen. Das bedeutet auch, der Angst vor der Angst zu begegnen. Wir müssen der Tatsache ins Auge blicken, dass wir alles in jedem Moment verlieren könnten. Diese Angst vor dem Verlust müssen wir durchfühlen und komplett zulassen.

Das kann ein längerer Prozess sein, weil die Verlustangst tief sitzt und sich über so viele Bereiche des Lebens erstreckt, beruflich wie privat. Erst wenn man beginnt, ihr mehr Aufmerksamkeit zu schenken, wird man feststellen, wie komplex sie ist und wie sehr sie das eigene Leben steuert.

Wer seine Angst nicht fühlen will und vor ihr flüchtet, will sich nur in Sicherheit bringen, schließt Versicherungen ab und tut viele andere Dinge. Nur das Gefühl der Angst bleibt. Es wird dadurch nicht weniger, sondern verlagert sich nur.

> *Alle Gefühle, die wir nicht fühlen wollen, suchen sich ihren Weg, um gesehen zu werden.*

Wenn wir ehrlich zu uns selbst sind, wissen wir, dass es keine echte Sicherheit gibt. Wer sich also hier nicht unnötig verrückt machen lassen will und das Geld für Versicherungen sinnvoller investieren will, widmet sich der Angst und durchfühlt sie vollständig.

Das Resultat ist, dass die Angst wesentlich weniger wird und keine Belastung mehr für uns ist. Sie wurde gefühlt und geht nun wieder von selbst. Das, was das Gefühl wollte, hat es bekommen. Nun ist es weg. Es tritt Frieden und Stille ein. Die Gedanken werden weniger und drehen sich nicht mehr darum, wie man sich am sichersten durch diese Welt bewegt und wie man sich noch schützen müsste.

Würde nun Peter aus dem Beispiel wieder eine ähnliche Situation erleben, würde keine emotionale Reaktion stattfinden. Er bliebe die Ruhe selbst bzw. sein aktueller Gefühlszustand würde sich nicht verändern.

Wenn alles durchfühlt ist

Wenn wir Gefühle nicht fühlen und uns davor sträuben, blockieren wir unser Wachstum. Der Weg ist es, Gefühle durch uns durchfließen zu lassen. Hier beginnt das Abenteuer des Lebens und die Lebendigkeit. Es ist spannend zu erfahren, was passiert, wenn wir ein Gefühl durchfühlen. Wir können jedem Gefühl mit Neugier begegnen:

> *„Was passiert, wenn ich dir jetzt Raum gebe, dich
> da sein lasse und dich vollständig durchfühle?"*

Das ist ein spannender Weg der Selbsterforschung. So können wir die Gefühle an der Oberfläche dafür nutzen, um Gefühl für Gefühl zu durchfühlen, Schicht um Schicht. Bis wir selbst ein tieferes Grundgefühl von Angst durchfühlen und dadurch frei werden. Wir sind dann nicht mehr damit beschäftigt, es zu umgehen, es zu kontrollieren und uns davor zu schützen.

Wir sind innerlich frei und können unser inneres Potenzial in die Welt fließen lassen. Wir trauen uns Dinge anzupacken, kreativ zu sein, unabhängig zu sein und das Leben in seiner Vielfalt zu erforschen.

> *Wenn alle Schichten der Gefühle im
> augenblicklichen Moment durchfühlt sind,
> kommt nur noch das zum Vorschein,
> was immer da ist: Lebensfreude.*

Wir können die Erfahrung von völliger Zufriedenheit, innerem Frieden und natürlicher Freude machen. Jeder und in jedem Moment. Wir können jetzt mit dem Fühlen anfangen. Am Grunde aller Gefühle gibt es nur noch Lebensfreude. Die einfache Freude darüber, am Leben zu sein.

Vielleicht erinnerst du dich an sie, wenn du an deine Kindheit zurückdenkst. Das Leben war so leicht, unbeschwert, wir waren völlig im Moment und wir sind einfach nur unserer Freude gefolgt. Völlig intuitiv, ohne uns den Kopf zu zerbrechen. Wir konnten uns an allem erfreuen, denn wir selbst waren verkörperte Freude.

Wir sind es auch heute noch, nur wird die Grundfreude von den vielen Sorgen des Alltags überlagert. Wir sind zu viel im Kopf und vernachlässigen konsequent das Fühlen. In dieser Situation habe ich selbst versucht, irgendwie an Glück und Begeisterung zu kommen, indem ich meinte, ich müsse etwas im Außen erreichen. Aber alle Versuche gingen ins Leere.

Erst als ich begonnen habe, konsequent zu fühlen, erreichte ich eine völlig neue Lebensqualität, die mir das gab und gibt, wonach ich mich sehne. Durch das Fühlen bin ich im Kontakt mit mir selbst. Ich schenke mir meine Aufmerksamkeit auf eine liebevolle Weise. So lasse ich den Prozess der Selbstheilung und Lösung von inneren Konflikten von selbst geschehen und lande damit immer wieder auf einer tieferen, lebendigeren Ebene von innerer Freiheit, Freude und Liebe.

Die fünf Grundgefühle

Es gibt endlos viele Variationen und Nuancen von Gefühlen. Umso wichtiger ist es, dass wir hier Klarheit erhalten und die fünf Grundgefühle kennenlernen. Die meisten Gefühle, die es gibt, sind Unterformen davon. Wann immer wir also ein Gefühl haben, können wir schauen, welchem Grundgefühl es am nächsten kommt. Das kann es uns leichter machen, uns mit dem Gefühl zu verbinden.

Jedes Gefühl erscheint als Reaktion auf unser Erleben in der Welt. Hier findest du zu den Basisgefühlen gleich die Aussage, die das Gefühl über die erlebte Situation macht:

1. Wut: „Das ist falsch."
2. Angst: „Das ist fürchterlich."
3. Traurigkeit: „Das ist traurig."
4. Freude: „Das ist richtig."
5. Scham: „Ich bin falsch."

Wenn dich etwas emotional bewegt, kannst du nach der Aussage schauen, die du innerlich getroffen hast. Empfindest du das, was passiert, als falsch, ist es die Wut. Die meisten Gefühle kannst du auf diese Weise diesen fünf Basisgefühlen zuordnen. Alle Gefühle entstehen hierbei durch eine Bewertung der Umwelt.

Die Besonderheit nimmt hier das Gefühl der Scham ein. Scham ist das einzige Gefühl, das sich um uns selbst kümmert. Scham trifft also keine Interpretation über die Umwelt, sondern über sich selbst. Es hilft uns, unser Verhalten zu hinterfragen und kann der Impuls sein, dass wir etwas an *uns* verändern.

Die Wut hingegen möchte nur das Außen verändern. Nur ist das nicht immer möglich. Vor allem, wenn wir uns das Geschehen in der Welt anschauen. Wir können den Weltfrieden nicht über Nacht bewerkstelligen, also macht es wenig Sinn, sich jeden Abend über die Nachrichten zu ärgern.

Die Wut ist gut dafür, die Dinge zu verändern, die auch wirklich in unserem Einflussbereich sind. Falls uns der Weltfrieden wichtig ist, können wir uns für einen Weg einsetzen, mit dem wir im Kleinen und im Zusammensein mit unserer Freude für eine „bessere" Welt einsetzen.

Worauf ich hinaus will, ist der bewusste Umgang mit den Gefühlen. Wir selbst können nämlich entscheiden, wie wir auf die Situationen der Welt reagieren. Je nachdem, welche Stellung wir zu etwas einnehmen, entsteht ein anderes Gefühl. Das Gefühl ist damit die Schnittstelle zum Leben und dem weltlichen Geschehen, zu den Menschen, Tieren, Pflanzen und eben allem, was existiert.

> *Spontane Gefühle sind die Folge einer Interpretation, die wir über die gegenwärtige Situation getroffen haben.*

Der Sonnenschein kann uns egal sein oder wir finden ihn gut, dann empfinden wir Freude. Gleichgültigkeit ist also ein Zustand der Gefühlslosigkeit, der daraus entsteht, dass wir keine Stellung dazu beziehen. Ob wir jedoch genau das tun und in welcher Form, können wir bewusst entscheiden. Dafür müssen wir uns selbst bewusst werden, indem wir erfahren, wer wir sind und wie wir funktionieren. Dazu helfen dir auch die folgenden Übungen und Umgangsformen mit dir selbst.

ÜBUNG: DEINE INTERPRETATION BEWUSST MACHEN

Bleibe in der nächsten Zeit den Tag über wachsam. Bemerke deine emotionalen Reaktionen zu den alltäglichen Geschehnissen. Was macht dich wütend / ängstlich / freudig / traurig und beschämt? Was hingegen lässt dich kalt und gleichgültig bleiben? Welche alternativen Interpretation könntest du statt der Gleichgültigkeit treffen?

Notiere deine Gefühle und Interpretationen täglich in dein Journal und experimentiere mit deinen Reaktionen.

Wie wir uns für Gefühle öffnen

Wir können uns jederzeit für das Fühlen entscheiden und ihm einen größeren Raum in unserem Leben geben, wenn wir die Wichtigkeit dahinter erkennen. Ohne Gefühle wäre das Leben leblos. Sehnen wir uns nach (mehr) Lebendigkeit, können wir beim Fühlen und Spüren beginnen.

An oberster Stelle steht die Öffnung für die Gefühle. Das bedeutet, wir entscheiden uns dafür, **alles** zu fühlen. Es macht keinen Sinn, nur die Freude haben zu wollen und die anderen Gefühle auszugrenzen. Das funktioniert nicht, weil alle Gefühle durch ein Organ fließen, und das ist das spirituelle Herz in der Mitte unserer Brust (Herz-Chakra).

> *Unterdrücken wir ein Gefühl,*
> *unterdrücken wir alle Gefühle.*

Wir können das Fühlen minimieren, indem wir unser Herz verschließen. Über die Jahre hinweg bildet sich so auf körperlicher Ebene ein „Gefühlspanzer". Man kann in diesem Zustand durch Achtsamkeit spüren, dass ein Deckel bzw. eine schwere Panzerung auf der Brust liegt. Das ist die manifestierte Form der Abspaltung von den Gefühlen.

> *Jedes Gefühl, das wir dauerhaft unterdrücken,*
> *findet seinen Platz im Körper in Form einer*
> *physischen Verspannung oder Erkrankung.*

Der Körper ist somit auch das Abbild unserer bisherigen Gefühlserfahrungen. Verhärtungen und Verspannungen sind ein Zeichen für traumatische Erlebnisse, die wir heute verarbeiten können. Der Körper löst sich dadurch und Gefühle können wieder leichter durch uns fließen.

Entscheide dich also *für* das Fühlen. Für das Fühlen **aller** Gefühle. Wenn du merkst, dass du ein Problem mit einem Gefühl hast, solltest du diesem bewusst deine verstärkte Aufmerksamkeit schenken. Achte auf die Situationen im Leben, in denen das Gefühl aufkommt und vielleicht durch eine automatische Reaktion unterdrückt wird. Das ist meist ein gedanklicher Prozess und/oder das Anspannen des Körpers.

> *Bewerte Gefühle nicht, sondern erkenne,*
> *dass alle Gefühle gleich wichtig sind.*

Öffne dich also nicht nur für die Freude, sondern auch für die Traurigkeit, die Angst, die Scham und die Wut. Erlaube dir traurig zu sein, was helfen kann, unabänderliche Dinge abzuschließen. Erlaube dir Angst zu haben, die dich nur vor Gefahren beschützen will. Erlaube dir Scham zu fühlen, die dir dabei hilft, deine Position in der Welt eventuell zu korrigieren. Und erlaube dir vor allem Wut zu fühlen, mit der du dich für deine Grenzen einsetzen kannst und die deine Kräfte für das mobilisiert, was dir wirklich wichtig ist.

> *Unterdrückte Gefühle manifestieren sich in*
> *körperlichen Verspannungen. Dieses permanente*
> *Anspannen der Muskeln kostet uns viel Energie,*
> *die uns dadurch nicht mehr für lebendiges Leben*
> *zur Verfügung steht.*

ÜBUNG: DAS GEFÜHL EINEN SATZ SAGEN LASSEN

Wenn du ein Gefühl hast, das du nicht so richtig bestimmen kannst, ist es gut, die Basisgefühle durchzugehen, damit du weißt, in welche Richtung dein Gefühl geht. Dann lass das Gefühl einen Satz sagen. Bei

> Traurigkeit „ich bin so traurig, weil...", bei Angst „ich habe Angst, weil..." und so weiter. Du kannst den Satz dann innerlich wiederholen oder aussprechen. Experimentiere damit und schaue, ob es dir hilft, dich mit dem Gefühl zu verbinden. Bleibe jedoch nur bei diesem Satz, ohne in eine Geschichte abzugleiten. Wenn Erinnerungen von selbst aufkommen, ist das natürlich OK. Diese nimmst du bewusst wahr, ohne dich in der gedanklichen Geschichte zu verlieren. Dein Hauptfokus bleibt beim Fühlen.

Mit dem Körper arbeiten

In einer Meditation können wir Körperteil für Körperteil durchgehen und diese spüren. Je mehr Übung wir darin haben, desto schneller bekommen wir das Feedback vom Körper. An den Stellen, wo unsere Aufmerksamkeit ist, können wir dann die gegenwärtige Empfindung spüren. Das kann ein Ziehen, Wärme, Kälte, Kribbeln oder Pulsieren sein. Auch hier machen wir nichts damit, sondern lassen das alles geschehen.

> *Es gibt nichts zu verändern oder zu transformieren. Die Dinge verändern sich von selbst, wenn wir dies einfach nur zulassen.*

Das Richten der Aufmerksamkeit auf den Körper ist eine überaus sinnvolle und wertvolle Angewohnheit, die du in dein Leben integrieren kannst. Ich selbst nutze jede „freie" Sekunde dafür, meinen Körper zu spüren.

Wenn ein Gefühl präsent ist, können wir bewusst im Körper nach der zugehörigen Empfindung Ausschau halten; an diese Stelle atmen und mit dem Fokus an diesem Punkt bleiben, bis eine andere Empfindung auftritt, die stärker ist.

In meinen Seminaren greife ich zudem auf bioenergetische Methoden aus der Körperarbeit zurück, die speziell auf die Lösung von Verspannungen ausgerichtet sind. So können wir das Fühlen auch vom Körper aus angehen und angestaute Emotionen aus der Vergangenheit lösen. Die Übungen dazu findest du im zweiten Buch (Seite 191) und im Online-Gefühlskurs (Seite 186).

Aufgrund der Wichtigkeit dieser Praxis, kann ich es dir nur nahelegen, diese Übungen in dein Leben zu integrieren, um die Verbindung zum Fühlen zu stärken.

Das Denken minimieren

Das Denken ist ein wunderbares Werkzeug, das wir im unbewussten Zustand auch dafür einsetzen, uns von den Gefühlen zu entfernen. Wenn wir intensiv denken, ist unsere Aufmerksamkeit verstärkt im Kopf. Das macht sich dadurch bemerkbar, dass wir nur unseren Kopf wahrnehmen und zu den restlichen Teilen unseres Körpers keine Verbindung spüren.

> *Du kannst das Fühlen auch nicht wirklich steuern oder dem Gefühl befehlen, dass es jetzt geschehen soll. Die Gefühle sind wie ein scheues Reh. So kannst du nur einen liebevollen Raum aufmachen, in den du einlädst, jedoch nichts erwartest. Je mehr du loslassen und dich in deinen Körper fallen lassen kannst, desto wahrscheinlicher wird es, dass das Gefühl von selbst kommt.*

Wenn wir im Denken sind, können wir nicht wirklich Fühlen und Spüren. Deshalb ist es eine gute Angewohnheit, sich immer wieder zu fragen: „Was fühle ich jetzt?" Versuche immer wieder über den Tag hinweg, das Gefühl in Erfahrung zu bringen, das du im Augenblick hast. Es ist immer ein Gefühl bzw. eine Stimmung da. Aber du kannst es nur durch das Loslassens des Denkens erfahren.

In der gegenteiligen Richtung kommen viele Gedanken, wenn wir etwas nicht fühlen wollen. Wer sich also wundert, warum so viele beunruhigende Gedanken da sind, findet die Antwort beim Fühlen. Wenn eine Angst gefühlt ist, muss sie sich nicht mehr um gedankliche Wege bemühen, gesehen zu werden. Die Gedanken von Angst und Sorgen werden somit auch weniger oder verschwinden im Laufe der Zeit ganz.

Wer im Denken versunken ist, kann nicht fühlen.

Die Angst ist eigentlich dazu da, uns in einer realen Gefahrensituation im Hier und Jetzt achtsam werden zu lassen. Und das wird auch so bleiben. Nur die unnötige, von Gedanken genährte Angst wird verschwinden. Sie sind unnötig, wenn man im Moment keiner offensichtlichen Gefahr ausgesetzt ist.

Nimmt man wahr, dass da gerade ein Gefühl ist, das gefühlt werden will, hilft es, die Aufmerksamkeit auf das Fühlen zu legen, ohne weiter über das Gefühl nachzudenken.

Gedanken wie „Oh man, das passt mir jetzt gar nicht", „Warum ist denn bloß dieses Gefühl da?" oder „Hoffentlich geht das Gefühl schnell wieder" kann man sich sparen.

Es ist, wie es jetzt ist. Und wenn das Gefühl da ist, will es nur gefühlt werden. Deshalb ist es das Beste, es zu fühlen, ohne weiter darüber nachzudenken.

Das bedeutet auch, dass wir z.B. eine Traurigkeit nicht weiter durch traurige Gedanken „anfachen". Wir gehen konsequent weg vom Denken und hin zum Fühlen. Natürlich braucht auch das seine Übung, indem man es täglich berücksichtigt bzw. in emotionalen Situationen.

Während dem Fühlen können dann Erinnerungen aus der Vergangenheit hochkommen, in denen das Gefühl entstanden war. Diese Bilder hängen mit dem Gefühl zusammen und müssen

neutral angesehen werden. Das ist ein notwendiger Schritt, um ein Trauma vollständig zu heilen. Viele Menschen bleiben hier jedoch in einem Kreislauf von Selbstmitleid, Verurteilung und Rachegedanken gefangen, ohne den tieferen Schmerz zu fühlen. Das Trauma bleibt dadurch offen und das Gefühl begleitet einen weiterhin.

> *Wenn eine Erinnerung von selbst hochkommt, ist das eine erwünschte, passive Reaktion des Fühlens und nicht Teil des aktiven Denkens.*

Viele bleiben so bis an ihr Lebensende in ihrem Schmerz gefangen. Der Weg ist, zu erkennen, dass die Vergangenheit weder gut noch schlecht ist. Anhaltende Verurteilung wird keinem helfen und kein Problem lösen. Das bedeutet nicht, dass wir Selbstmitleid, den Wunsch nach Verurteilung und Rache unterdrücken. Auch dies können wir zulassen und liebevoll wahrnehmen. Das Ausagieren findet bestenfalls in unserem Journal statt, in das wir all unseren Ballast schriftlich abladen können. Wichtig ist, in dieser Phase nicht hängen zu bleiben, sondern sich der tieferen Verletzung zuzuwenden.

Neutral betrachtet gab es nur Situationen, die wir auf eine bestimmte Weise interpretiert haben. Das führte zu den entsprechenden Gefühlen, die dann auch gefühlt werden müssen. Wenn nicht unmittelbar, dann später.

Als Erwachsene haben wir für die innere Freiheit die Aufgabe, alle unterdrückten Gefühle aus der Kindheit auszufühlen. Versperren wir uns diesem Prozess, erwartet uns diese Aufgabe möglicherweise im nächsten Leben. Wir wissen, dass sich niemals etwas in nichts auflöst. Jede Art von Energie bleibt bestehen und verändert nur ihre Erscheinungsform. Gefühle sind ebenfalls nichts anderes als Energie, die wir hier und jetzt freisetzen können.

ÜBUNG: VERGANGENHEIT LOSLASSEN

Nehme dein Journal zur Hand und mache eine Bestandsaufnahme deiner emotionalen Themen, die noch offen sind. Auf wen bist du noch wütend? Wem kannst du nicht verzeihen? Auf wen reagierst du noch mit Hass oder Neid? An wem willst du dich noch rächen? Welche Situation hätte so nicht passieren dürfen?

Mache dir so deine offenen Themen durch das Schreiben bewusst. Gehe die einzelnen Themen durch und fühle genauer hinein und schreibe alles auf, was du dazu zu sagen hast.

Mache dir dies bewusst und fühle das Gefühl, das mit der Erinnerung einher geht. Durchfühle es und schaue, ob darunter ein anderes Gefühl erscheint. Was steckt unter der Wut oder der Traurigkeit?

Bist du nach diesem Prozess bereit, die Geschichte ein Stück mehr loszulassen? Hat sich dein Frieden der Geschichte gegenüber vergrößert? Fühle genauer hinein: Gibt es eine schmerzvolle Lust, die an dieser Geschichte festhalten will?

Nehme dies auch einfach nur wahr. Wenn du an der Geschichte festhalten willst, ist der Schmerz noch nicht vollständig durchfühlt, was auch OK ist.

Nutze abschließend für die Themen die Methoden zum Auflösen von Glaubenssätze auf Seite 41.

ÜBUNG: DER TON ZUM GEFÜHL

Bei der Tonübung aus der Arbeit von Christian Meyer stellen wir uns am besten hin und schließen die Augen. Wenn es dich jedoch zu Boden zieht, kannst du dem folgen und eine beliebige andere Position einnehmen. Wir horchen in unseren Körper hinein und fragen uns, wie es uns gerade geht.

Wir öffnen den Mund leicht und entspannen den Kiefer, damit der Körper leichter und selbstständig atmen kann. Zu Anfang kann es helfen, die Ohren mit den Fingern zu verschließen. Dadurch wird das eigene Atmen von innen hörbar und die Verbindung zum eigenen Körpergefühl wird gestärkt. Das Verschließen der Ohren machen wir jedoch nicht dauerhaft.

Danach versuchen wir beim Ausatmen einen Ton zu machen, der unserem Körpergefühl entspricht. Es kann sich wie ein Seufzen anhören. Wichtig ist, dass der Ton auf dem Atem beim Ausatmen aufliegt.

Das Ziel ist es hierbei auch, dass der Ton so selbstständig wie nur möglich kommt. Am Anfang können wir das unterstützen, indem wir uns fragen, wie wir uns fühlen und versuchen, einen Ton dementsprechend zu machen. Später sollte es vom Körper selbst kommen und kein bewusstes „Machen" mehr sein, sondern ein Geschehenlassen.

Das ist dann der Fall, wenn wir den Ton nicht mehr kontrollieren und wir am Beginn des Tones nicht wissen, wie er endet. Geschehenlassen bedeutet ein Aufgeben von Kontrolle, wo wir uns dem Ungewissen überlassen.

> Vor allem das Atmen durch den leicht geöffneten Mund hilft einem wunderbar, sich weiter in den Körper fallen zu lassen und innere Anspannungen abzubauen. Unterstützt wird das, wenn wir uns vorstellen, dass wir die Anspannung durch das Ausatmen abfließen lassen.

Kurzanleitung für das Fühlen

Gewöhne dir an, Zeit für deine Gefühle zu nehmen. Wenn ein Gefühl da ist, gehe wie folgt vor:

1. Nehme dir Zeit für das Fühlen und suche dir einen Ort, an dem du dich wohlfühlst. Am besten ist es, das Gefühl umgehend zu fühlen, wenn es aktiv ist.

2. Atme durch den leicht geöffneten Mund und lass deinen Atem von selbst fließen.

3. Setze deinen Fokus auf das Gefühl. Nimm deine Gedanken beobachtend wahr und setze deinen Fokus immer wieder auf das Gefühl.

4. Fühle hinein, ob es sich eher um Wut, Trauer, Angst, Scham oder Freude handelt. Nimm eine Haltung ein, die dem Gefühl entspricht und die dir hilft, z.B. bei Traurigkeit die Hände vor das Gesicht halten.

5. Lass das Gefühl einen Satz sagen und wiederhole nur diesen Satz (innerlich).

6. Spüre deinen Körper, ob du an einer bestimmten Stelle etwas wahrnehmen kannst. Lege deine Hand darauf oder massiere diesen Punkt.

7. Versuche nichts mehr zu kontrollieren und zurückzuhalten. Lass das Fühlen von selbst geschehen.

Schlusswort

Wir kommen um unsere Gefühle nicht herum, wenn wir wirklich uns selbst leben wollen, mit all unserem Potenzial. Alle Gefühle, die wir in der Vergangenheit nicht gefühlt haben, tragen wir bis heute mit uns herum. Sie beeinflussen und blockieren uns im Verborgenen. Das ist uns selbst nicht bewusst, weil wir uns schnell an Situationen gewöhnen. So haben sich viele daran gewöhnt, ein Leben zu führen, das sie nicht vollkommen erfüllt.

Der Weg der Selbstverwirklichung ist dabei genau das Gegenteil. Sicherlich gibt es Ruhephasen im Leben, aber die hauptsächliche Ausrichtung ist das eigene Wachstum. Dieses geschieht im Normalfall auch von selbst, weil es eine Eigenschaft des Lebens ist.

Diesem Fluss der Selbstentwicklung können wir uns jederzeit hingeben, in dem wir aufhören, uns an den Dingen festzuhalten. So können auch alle Gefühle wieder durch uns fließen. Denn wir Menschen sind im Prinzip nur ein Medium für Gedanken, Gefühle und Empfindungen. Wir tragen sie in uns und strahlen sie aus. Jedoch sollten wir uns nicht an bestimmte Formen klammern.

Gedanken dürfen kommen und gehen, wie auch Gefühle und Empfindungen. So kommt ein Fluss in unser System. Veränderung ist ein Teil der Natur und das sollten wir stets berücksichtigen. Je leichter wir die Veränderung in uns und in unserem Umfeld annehmen können, desto leichter leben wir.

Wir müssen nicht mehr gegen uns selbst ankämpfen. Unsere Gefühle, Gedanken und Empfindungen dürfen sein, wie sie jetzt gerade sind, und wir vertrauen darauf, dass sie sich im Lichte unserer liebevollen Aufmerksamkeit von selbst verändern. Das bringt Leichtigkeit, denn es ist das Ende des Leidens.

Leiden entsteht nur, wenn man sich vor dem drückt, was ansteht. Wenn da z.B. eine Traurigkeit ist, die gefühlt werden will, und wir trotzdem immer wieder versuchen, Freude zu empfinden. Diese Freude wird dann auch nicht echt und nicht tief sein.

Je mehr wir die Gefühle fühlen, die uns latent begleiten, desto intensiver können wir fühlen. Der Staudamm bricht, Ansammlungen werden fortgeschwemmt und das Wasser kann wieder kraftvoll fließen.

Durch das Fühlen entfaltet sich unsere eigene Kraft. Ist Vergangenes durchfühlt, sind wir innerlich frei, gelöst, lebendig, motiviert und haben Lust, das Leben als Abenteuer auszukosten. Lebensfreude, Motivation und Begeisterung ist der Normalzustand eines jeden Menschen. Dieser Zustand tritt ein, wenn uns kein unterdrücktes Gefühl mehr „auf der Seele" liegt.

Möchtest du noch tiefer in das Thema einsteigen, hilft dir mein Online-Gefühlskurs (Seite 186) mit weiteren Übungen.

ÜBUNG: BEIM FÜHLEN BEGLEITEN

Für das Fühlen kann es sehr hilfreich sein, mit einer weiteren Person des Vertrauens darüber zu sprechen. Mit dem Sprechen solltet ihr dabei sehr sparsam sein, denn die verbale Ebene ist nicht die des Fühlens. Auf folgende Weise kannst du jedoch einem Menschen helfen, sich seinen Gefühlen zu nähern:

Du gehst in einen Zustand der liebevollen Wahrnehmung. Du nimmst wahr, ohne zu denken und zu urteilen, du verbindest dich mit der Person und fühlst einfach nur mit. Mitfühlen ist nicht mitleiden. Mitgefühl sieht die Person immer mit dem, was jetzt ist, und gibt der Person auf energetischer Ebene immer wohlwollend eine Hand, um aufzustehen. Mitgefühl ist Teil der

Aufwärtsspirale und stärkt beide Seiten, während Mitleid die Abwärtsspirale ist und beide Seiten schwächt.

Erkundige dich nach dem Gefühl und was die Person dazu im Körper spürt. Nimm einfach nur wahr. Frage nach dem Satz, den das Gefühl sagen könnte. Biete an, dass dein Gegenüber die Augen schließen kann. Ist dein Impuls eine Berührung, biete diese an. Es ist aber nicht das Ziel zu trösten oder das Gefühl sonst wie weg zu machen. Jedes Gefühl ist heilsam und darin soll dein Gegenüber soweit und so tief wie möglich bleiben.

Erkundige dich immer wieder nach dem Gefühl, weil es sich in jedem Moment verändern kann. Bleibe bewusst und mit deiner vollen Aufmerksamkeit bei der Person und fühle mit. Die Gefühle des Anderen können auch viele Gefühle in dir auslösen, die du dann durchfühlst.

Der bewusste Raum, der durch deine liebevolle Aufmerksamkeit entsteht, hilft dem Gegenüber ungemein beim Fühlen. Dies ist dein wichtigstes Zutun und viel mehr gibt es nicht zu machen.

3.7 Intuition: Der wichtigste Wegweiser

Die Intuition ist eins der zentralen Elemente der Selbstverwirklichung. Sie ist das Sprachrohr unserer höheren Führung durch das Leben. Sie gibt uns die Richtung im Leben an und rettet uns sogar in Notsituationen. Vertrauen wir diesem magischen Element und nutzen unsere Intuition, geschieht das Leben von selbst. Es gibt nichts weiter zu tun, als den nächsten Schritt der Richtigkeit zu gehen, und den nächsten, und den nächsten, usw.

Das ist der Grund, warum das Leben in Wahrheit ein „Geschehenlassen" ist. Das Leben ist keine knifflige Aufgabe, bei der wir mit Denken die richtige Lösung finden können. Das Denken ist

nur die mentale Ebene, und die ist zum Großteil konditioniert, geprägt aus der Vergangenheit. Treffen wir unsere Entscheidungen aus dem reinen Grübeln, leben wir nur unsere Vergangenheit weiter. Daraus kann kaum etwas Neues und Fortschrittliches entstehen.

Folgen wir dabei noch unserer Angst, werden wir niemals die Grenzen unserer Komfortzone verlassen. Unser Leben und unsere Lebendigkeit sind damit begrenzt. Das führt zu begrenzten (neuen) Erfahrungen. Wir leben damit irgendwie vor uns hin, kommen aber nicht dem Auftrag nach, den wir mit unserer menschlichen Existenz eingegangen sind: Nämlich zu leben, und das zu 100%.

Das volle Potenzial an Lebendigkeit, ist der Anspruch der Selbstverwirklichung, nicht nur 5-20%, so wie ein Großteil der Menschen heute ihr Leben verbringen. Nochmals: 100% bedeutet nicht ständiges Aktivsein im physischen Sinne. Die Reise und Versenkung nach Innen durch Meditation, das Fühlen und Wahrnehmen, spielt dabei eine gleich große Rolle, wie die physische Bewegung.

> *Lebendigkeit können wir in uns fühlen. Werden wir aktiv und bewegen unseren Körper, ist das nur noch ein Ausdruck unserer inneren Lebendigkeit. Der Impuls zur Handlung kommt von Innen. Aus den Tiefen unserer spirituellen Verbundenheit. Aus dem einfachen Gefühl von Richtigkeit.*

Auf diese Weise kannst du die ganzen Zusammenhänge der einzelnen Kapitel in diesem Buch leicht verstehen. Wir müssen erst in uns die Wahrheit erkennen, sodass wir sie dann in dieser Welt durch weise Entscheidungen geführt von der Intuition manifestieren können.

Das Gefühl der Richtigkeit und Stimmigkeit

Wenn das, was du in diesem Leben erleben möchtest, schon in einer gewissen Weise durch dein höheres Selbst vorgegeben ist, dann brauchst du ja einen Wegweiser, der dich genau zu diesen Dingen führt. Und das ist das Gefühl der Richtigkeit und Stimmigkeit – ein Aspekt der Intuition.

Dieses tiefere Gefühl hat nichts mit den gewöhnlichen Gefühlen zu tun, wie z.B. den Basisgefühlen von Wut, Angst, Freude, Scham und Trauer. Das Gefühl der Stimmigkeit ist etwas besonderes. Es hat seine eigene Ebene, seine eigene Art des Wirkens und Seins. Mit diesem Gefühl können natürlich auch gewöhnliche Gefühle einhergehen, aber wir können es klar von den Emotionen unterscheiden.

So führte mich das Gefühl der Richtigkeit einst in die Selbstständigkeit. Das Arbeiten und Leben auf selbstständiger Basis ging aber mit vielen Ängsten einher: Zu scheitern, die Existenz zu verlieren, verklagt zu werden usw. Das freie Schaffen und mein eigener Chef zu sein, fühlte sich hingegen einfach nur stimmig an und ging mit dem emotionalen Gefühl der Freude einher. All die Zeichen in meinem Umfeld deuteten zusätzlich in diese Richtung. Es dauerte eine Weile, bis ich das wirklich verstand und bis ich auch den Mut hatte, mich diesen Risiken zu stellen.

> *Intuitive Impulse gehen mit emotionalen Gefühlen einher. An sich haben sie jedoch nichts miteinander zu tun.*

Dieses Beispiel lässt uns gut erkennen, wie ein intuitiver Impuls mit emotionalen Gefühlen einher gehen kann, die an sich jedoch nichts miteinander zu tun haben. Denn ob du nun mit Angst oder Freude auf einen intuitiven Impuls reagierst, hängt von vielen

Faktoren ab: deinem Vorwissen, deinen Vorurteilen, deiner Prägung, deinem sozialen Umfeld und deinem Bewusstseinsstand.

Welche emotionalen Gefühle nun bei den Impulsen deiner Intuition ausgelöst werden, ist für deinen Weg nicht relevant. Du wirst ihn so oder so gehen. Dich mit deinen Ängsten zu konfrontieren ist eine andauernde Aufgabe auf dem Weg der Selbstverwirklichung, denn die Intuition führt uns immer aus der Komfortzone heraus. Immer. Deshalb ist es sehr **unwahrscheinlich**, dass ein intuitiver Impuls nur mit Freude einhergeht. Wenn die Angst da ist, ist das ein gesundes und gutes Zeichen.

> *Da wo die Angst ist, da geht es hin.*

Es gibt auch Charaktere von Menschen, die ihre Angst vollkommen ausblenden. Das geschieht auf unbewusster Ebene soweit, dass sie sich ihrer Angst gar nicht mehr bewusst sind und oft sagen, dass sie keine Angst hätten. Ihr Auftreten wirkt dann in Herausforderungen jedoch angespannt und emotionslos, weil sie ihre Gefühle komplett unterdrücken müssen, um die Angst nicht zu fühlen. Wer sich dieses Musters bewusst wird, sollte sich mehr mit seiner Angst beschäftigen und mit ihr in Kontakt gehen.

> *Es geht darum, dass wir unsere Gefühle*
> *durchfühlen. Nicht darum, einfach nur der Freude*
> *zu folgen und vor der Angst zu flüchten.*

Das kann dir helfen, deine Intuition von den emotionalen Gefühlen zu unterscheiden. Welcher intuitive Impuls auch immer aufkommt, wie verrückt er auch sein mag, es ist wichtig, dass du dich von deinen Gefühlen nicht beirren lässt, sondern deiner intuitiven Führung langfristig treu bleibst.

Wenn dich ein Gefühl wie Angst blockiert, findest du im vorherigen Kapitel die nötigen Methoden, um die Angst zu durchfühlen und zu verarbeiten, wodurch automatisch Mut und Schaffenskraft freigelegt werden. Das macht es dir leichter, deinen Weg zu gehen.

> **ÜBUNG: FÜHLEN, DASS DU HIER RICHTIG BIST**
>
> Überall wo du bist, kannst du hineinspüren, ob du hier am richtigen Ort bist und das Richtige tust. Mit „richtig" ist hier natürlich das gemeint, was mit deiner intuitiven Führung übereinstimmt. Du kannst dadurch auf einer subtilen Ebene erspüren, dass es gerade gut ist hier zu sein oder nicht. „Gut" bedeutet nicht nur ein bisschen „gut", sondern „vollkommen richtig und stimmig". Es gibt also keinen Zweifel daran, dass du hier gerade am besten Ort bist.
>
> Diese Referenz ist der wichtigste Indikator dafür, ob du deinem eigenen Weg gerade treu bist oder nicht. Auch deine Entscheidungen, wohin du dich bewegst, sollen mit deinem Gefühl von Richtigkeit übereinstimmen. Fühle immer wieder in dich hinein und erspüre, wie „richtig" sich mögliche Wege und Entscheidungen anfühlen und wohin es deinen Körper physisch zieht.

~

Am Anfang mag es schwer sein, das eigene Gespür für das Fühlen zu erfahren. Es kann passieren, dass man verzweifelt, weil man immer wieder in die mentale Ebene abrutscht. Wenn man jahrzehntelang in der Hauptsache nur den Kopf verwendet hat, ist das jedoch normal. Dann ist es einfach nur eine Frage der Zeit, bis man den Muskel für das Fühlen wieder trainiert hat und auf diese Kraft vertrauen kann. Versuche einfach nur so viel zu

fühlen, wie nur möglich. Fühle dich in Entscheidungen, Dinge, Menschen, Tiere, Pflanzen oder die gegenwärtige Situation hinein, vor allem jedoch in dich selbst.

> *Du kannst nicht wissen, was das Richtige ist.*
> *Wissen ist nur deine Konditionierung und beliebig*
> *austauschbar. Das Richtige kannst du nur erfühlen.*

Diese Übung kannst du auch auf alles andere anwenden. Bei jeder Entscheidung, so klein sie auch sein mag, kannst du hineinfühlen, was am richtigsten ist. Du willst dich mit einem Freund verabreden, aber weißt noch nicht genau, ab wann du mit den Dingen fertig bist, die du für dich machen willst. Du findest die richtige Uhrzeit durch das Fühlen. Vor allem bei kreativen Prozessen kannst du wirklich nicht wissen, wie lange du dafür brauchst und wann die richtige Zeit sein wird, dich mit anderen zu verabreden.

Durch das Fühlen kannst du diese Zeit in Erfahrung bringen und dann weißt du mehr. Du kannst verschiedene Uhrzeiten durchgehen und erspüren, was das Gefühl von Richtigkeit dazu sage: „17h nein, 19h nein, 18h ja".

> *Mit dem Fühlen folgst du deinem göttlichen Plan.*

Wie immer, ist es dann der Verstand, der die Sache stört. Er wird dazwischen funken und zu den einzelnen Möglichkeiten seine Kommentare abgeben. Hörst du auf diese Kommentare, sorgt das nur für Verunsicherung. Vertraue allein dem Gefühl und mache deine Erfahrungen damit. So wirst du mit der Zeit die Erkenntnis gewinnen, dass es keine bessere Art gibt, das Leben zu leben. Denn auf diese Weise wird genau das passieren, das dein Leben wirklich bereichert und alles fügt sich auf magische Weise zu einem stimmigen Bild zusammen.

Deinem Weg treu bleiben

Wenn du kein 100%iges „Ja" als gespürte Rückmeldung zu einer Sache bekommst, ist es besser, alleine zu sein und zu meditieren. Spüre dadurch in dich hinein, um zu erfahren, was jetzt in diesem Moment wirklich ansteht. Solange kein neuer Impuls da ist, ist es eben die Versenkung nach innen, die ansteht. Durch das Spüren des Körpers und das Fühlen der Gefühle hast du eine wundervolle Anleitung zum Meditieren. In einem der folgenden Kapitel werde ich dies nochmal gesondert beschreiben.

Wichtig ist nur, dass du deinem Weg treu bleibst. Das geschieht, wenn du stets deinem 100%igem „Ja" folgst. Hast du kein „100%-Ja", ist das ein „Nein".

Deine Zeit hier in deiner menschlichen Existenz ist beschränkt. Also, wie willst du sie nutzen? Mit halben Sachen, mit ständigen Kompromissen, die gegen dein Herz gehen, oder mit dem Entschluss, dich selbst vollständig zu leben, zu 100%?

> *Vollständige Selbstverwirklichung geschieht, wenn du in jedem Moment deiner Intuition folgst und alle Entscheidungen auf der Basis eines 100%igen Ja's des Herzens triffst.*

Vielleicht wirst du jetzt sagen, dass das eine schöne Vorstellung ist, aber nicht sehr realistisch klingt. Wenn das so ist, muss ich dir recht geben. Aufgrund deiner bisherigen Erfahrungen kannst du vielleicht zu keiner anderen Schlussfolgerung kommen. Aber spüre auch mal in diese Vorstellung hinein:

Du tust, was du willst; bist mit Menschen zusammen, die du magst; bist an Orten, die dir gefallen. Wie fühlt sich das an?

Ich sage dir, es ist die eigentliche Art zu leben. Die einzig richtige Art, wie es für die menschliche Existenz vorgesehen ist. Dies zu erkennen und umzusetzen ist unsere Aufgabe. Dass du wie viele andere Selbstverwirklicher ebenfalls dazu fähig bist, zeigt allein schon die Tatsache, dass du dieses Buch in der Hand hältst.

Du bist jedoch einfach nur ein Mensch, der sein Leben meistern will, und das ist für jeden Menschen in jeder Situation und zu jederzeit möglich. Wir haben alle verschiedene Ausgangspunkte, Aufgaben und Wege, und es gibt für jeden Einzelnen von uns nur einen richtigen Weg zur gleichen Zeit.

Zum Verständnis muss ich dazu auch nochmals darauf hinweisen, dass der „richtige Weg" selten der bequemste ist. Wenn inneres Wachstum deine höchste Priorität ist, dann fühlt es sich auch richtig an, erst mal mit schwierigen Menschen oder in schwierigen Situationen zu bleiben. Denn genau diese sind es, die dich wachsen lassen, indem du immer dein Bestes gibst, neue Kompetenzen zu entwickeln und somit die Herausforderungen meistern zu können. Danach kannst du immer noch gehen. :-)

Die Kanäle der Intuition

Die magisch Ebene der Intuition spricht über alle Kanäle, über die wir Zeichen, Anweisungen und Informationen empfangen können: Mental über Geistesblitze, Eingebungen und Visionen, und natürlich mit dem Gefühl der Richtigkeit auf Körper und Gefühlsebene. Die Intuition ist dabei neben Verstand, Körper und Gefühl wie eine 4. Instanz der Wahrnehmung. Erkenne diese subtile Schicht, die du durch Hineinspüren, Fallenlassen und Fühlen erfahren kannst.

Der Unwissenheit vertrauen

Folgst du deiner Intuition, gibt es kein logisches Argument, dass dir auf diesem Weg Sicherheit gibt. Der Weg der Selbstverwirklichung ist der Weg des Abenteuers. Du wirst ständig neues Lernen

und über dich selbst hinauswachsen müssen. Die lästigen Probleme deines Lebens werden zu wundervollen Aufgaben zum Wachsen. Aus einer verbissenen Ernsthaftigkeit trittst du in das Spiel des Leben ein, das von Leichtigkeit geprägt ist.

> *Die Dramatik wird nur durch die Gedanken erzeugt, die etwas interpretieren. Lassen wir die Gedanken weg, ist die Sache einfach nur so, wie sie eben ist.*

Innerhalb unserer Welt gibt es eine weitere Welt, die du nur erfahren kannst, wenn du das sichere Gebäude deiner Gedanken verlässt. Bleibst du in der Gedankenwelt, bleibt dir die Welt des Fühlens und Spürens verborgen.

Möchtest du dich jedoch mithilfe deiner Intuition selbst verwirklichen, hast du keine andere Wahl, als die Gedanken loszulassen und dich in das Reich des Fühlens und Spürens fallen zu lassen.

Du wirst deinen Wunsch, das Leben kontrollieren zu wollen, aufgeben müssen. Hingegen wirst du lernen, der Ungewissheit zu vertrauen. Diese Ungewissheit musst du ertragen können. Fühle sie, ohne dich weiter mit Gedanken darum zu sorgen. Freunde dich mit der Ungewissheit an. Lerne, sie zu lieben. Denn leider hast du auch keine andere Wahl, wenn du ein anderes Leben führen willst, als dein jetziges. Die Form von Kontrolle und Sicherheit, die du gerade vielleicht meinst zu haben, existiert sowieso nicht wirklich. Sie beruht auf deinen gedanklichen Vorstellungen, und diese sind frei „erfunden" und veränderbar.

> **ÜBUNG: LOSLASSEN**
>
> Mache dir bewusst, wie dein Alltag mit Dingen gefüllt ist, die du alle „unter Kontrolle" hast. Du weißt immer, was passiert. Die Bereiche, von denen du das Ende nicht kennst, sind sehr gering oder nur von kurzer Dauer. Übe nun das Loslassen und das Improvisieren. Mache dir selbst Gedanken, wie du dich täglich in Bereiche und Situationen bringen kannst, die du nicht unter Kontrolle hast. Dies können Kleinigkeiten sein, wie z.B. Menschen ansprechen oder etwas Ungewöhnliches tun. Aber auch größere Dinge, wie Impro-Theater oder Reisen ohne Plan oder Geld bzw. das Folgen deiner Sehnsucht nach Lebendigkeit. Diese bringen dich automatisch aus deiner Komfortzone heraus.

~

Das Ding ist, dass dich das Leben auch erst dann beschenken und mit allem versorgen kann, was du brauchst, wenn du loslässt und vertraust. Die Erfahrung aller Selbstverwirklicher zeigt jedoch, dass es keinen Grund für die Sorgen gibt. Wer einmal erfahren hat, dass er dem Leben vertrauen kann, egal was auch passiert, der erhält eine tiefere Sicherheit, die unzerbrechlich ist.

> *Jemand, der nie die Hand aufhält,*
> *kann auch nichts empfangen.*

Die Wahrheit ist, dass du nichts unter Kontrolle hast. Selbst wenn du versuchst, dein Leben mit Denken auf die beste Art zu steuern, hast du das Resultat niemals unter Kontrolle. Du kannst tun, was du willst und hast niemals die 100% ige Garantie, dass du ein ganz bestimmtes Resultat erhältst.

Hinzu kommt, dass ein Großteil des Tuns der vom Verstand gesteuerten Menschen eher der Verzweiflung und Ratlosigkeit entspringt. Wenn wir nicht wirklich mit unserem Kern verbunden sind, wissen wir auch nicht wirklich, was zu tun ist.

> *Weisheit ist, wenn unser Tun der inneren Ruhe entspringt und mit dem Gefühl der Richtigkeit einher geht.*

Da du also sowieso nichts unter Kontrolle hast, kannst du dies mit dem Weg der Selbstverwirklichung auch gleich zu deinem Lebensstil machen. Dadurch tritt eine unheimliche Erleichterung ein, denn ständiges Kontrollieren-Wollen kostet sehr viel Energie.

ÜBUNG: SELBSTREFLEXION ZUM EMPFANGEN

Was hindert dich, die Geschenke des Lebens in Empfang zu nehmen? Was blockiert dich darin, die Hand aufzuhalten und vom Leben zu empfangen? Was hindert dich daran, nach Hilfe und Unterstützung zu fragen oder zu bitten? Schreibe deine Gedanken in dein Journal.

Du bist nur der Co-Pilot

Du kannst dich also zurücklehnen, aber nicht einschlafen. Dein höheres Selbst ist der Pilot und du bist der Co-Pilot. Du musst wachsam und achtsam bleiben, um das Flugzeug des Lebens zu fliegen. Und du musst dem Piloten vollständig vertrauen. Wenn ihr *beide* im Cockpit sitzt und zusammenarbeitet, geschieht Selbstverwirklichung.

Hört der Mensch zu sehr auf sein Ego, würde das so aussehen, dass der Co-Pilot das Cockpit verlässt und sich an der Bar mit Cocktails vergnügt oder sich verzweifelt mit irgendeiner anderen Aufgabe beschäftigt, die gar keinen Sinn ergibt.

So passiert es auch, dass der Pilot im Cockpit eher einen Fehler macht. Gefahren werden nicht rechtzeitig erkannt, das Flugzeug gerät in Turbulenzen und die Sicherheit der ganzen Crew und anderer Menschen ist in Gefahr. Der Pilot ruft den Co-Piloten immer wieder zur Hilfe aus, doch der Co-Pilot hört nicht, solange er der Stimme seiner Ego-Gedanken folgt.

Du kannst dich nur wahrhaftig selbst verwirklichen, wenn du dich in Demut vor einer höheren Führung unterordnest. Du folgst nicht deinen Gelüsten, deinem puren Vergnügen und deinen Begierden. Die Lust, die befriedigt werden will, existiert nur, wenn wir ungestillte Bedürfnisse und angestaute Gefühle haben.

> *Ein spirituelles Leben zeichnet sich dadurch aus, dass wir uns nicht mehr von den Veranlagungen „Lust gewinnen" und „Schmerz vermeiden" leiten lassen.*

Du stellst dich statt der Lustgewinnung und Schmerzvermeidung in den Dienst für etwas Höheres. Du folgst keinem Gedanken, von dem du meinst, dass das die richtige Art sei, das Leben zu leben. Du folgst hingegen deinem Gefühl der Richtigkeit. Du kannst es nicht logisch erklären, denn es entspringt nicht dem rationalen Verstand.

Auch wenn du das Leben geschehen lässt, hat das gar nichts damit zu tun, dass du auf irgendeine Weise schläfst, denn du bleibst stets mit der Lebendigkeit in dir verbunden. Und wenn der intuitive Impuls zur Handlung kommt, dann agierst du.

> **ÜBUNG: SELBSTREFLEXION ZUM KONTROLLWUNSCH**
>
> In welchen Bereichen deines Leben und in welchen Angelegenheiten hast du noch ein sehr großes Interesse zu kontrollieren? Deinen beruflichen Erfolg? Deinen Lebenspartner? Deine Freunde? Dein Ansehen, dein Ruf und dein Image? Was sollen nur die anderen von dir denken?
>
> Nimm dein Journal zur Hand und vergegenwärtige dir vollständig, welche Teile du in deinem Leben noch steuern willst. Mache dir im nächsten Schritt das Gefühl bewusst: Wie fühlt sich das an? Und wie würde ein alternativer Lebensstil aussehen, bei dem du mehr vertraust und geschehen lässt?
>
> Welche Gefühle kommen auf, wenn du Kontrolle abgibst und bist du bereit, diese zu fühlen?

Wohin das Folgen der Intuition führt

Die Aufgabe eines jeden Menschens ist Selbstverwirklichung. Egal, wo er sich befindet und was er tut, alles führt letztlich genau dazu. Ob er es will oder nicht. Je bewusster wir uns diesem Lebensprozess jedoch werden, desto intensiver und erfüllender kann unser Leben werden.

Das geht einerseits mit einem Leben einher, mit dem wir vollkommen einverstanden sind und andererseits natürlich mit einer tiefen, inneren Erfüllung. Es gibt nichts, das sich sinnvoller anfühlt, als der eigenen, gefühlten Stimme der Richtigkeit zu folgen.

Haben wir diese Lebenseinstellung verinnerlicht, könnten wir jederzeit das Leben glücklich verlassen. Der Moment des Sterbens wäre jederzeit OK für uns. Natürlich würden wir noch dieses oder jenes gerne erleben und hätten Freude an unserer

Selbstverwirklichung. Wenn der Tod jedoch an die Türe klopfen würde, gäbe es nichts, das wir bereuen würden. So sehr wir das Leben lieben, wir sind im gleichen Moment nicht daran oder darin verhaftet, und wir haben uns in jedem Moment mit all dem gelebt, was durch uns fließen wollte.

Wir halten das Leben nicht fest, wollen es nicht kontrollieren, was wir sowieso nicht können, sondern haben das Leben als flüchtige Erfahrung erkannt, in der die tiefste Wahrheit unseres Selbst unsterblich ist: Unsere Seele, das höhere Selbst.

3.8 Die einfachste Meditation

Es gibt unendlich viele verschiedene Arten zu meditieren. In dieser Lehre, wo es um den Weg nach innen geht und den Ausdruck nach außen, zeige ich nur eine Art des Meditierens. Sie basiert auf den Inhalten der vorherigen Kapitel und ist relativ einfach. Ich selbst meditiere auch nur auf diese Weise. Wir schließen dabei die Augen und beobachten unsere Gedanken, spüren den Körper und fühlen unsere Gefühle.

Dabei gibt es keinen festgelegten Ablauf, sondern wir richten unsere Aufmerksamkeit immer auf das, was gerade aufpoppt und wahrgenommen werden will. Natürlich sind da erst mal die Gedanken, wenn wir uns in Ruhe hinsetzen und die Augen schließen. Diese nehmen wir einfach nur wahr, ohne in die Geschichte einzusteigen und die Gedanken fortzuspinnen.

Wir können so lange bei der Wahrnehmung der Gedanken bleiben wie wir wollen. Das ist das Besondere an dieser Lehre. Es gibt keine Vorschriften, sondern wir folgen der inneren Intelligenz. Irgendwann wird der Impuls von selbst kommen, den Körper zu spüren und wir verlagern unseren Fokus auf den Atem und unser Innenleben. Tritt eine Empfindung an einer bestimmten

Stelle im Körper in den Vordergrund, bleiben wir dort und atmen in diese Stelle. Generell gilt, dass wir dort mit unserer Aufmerksamkeit verweilen, wo wir die größte Lebendigkeit wahrnehmen.

Ein weiterer Punkt ist, dass wir den Weg in die Tiefe priorisieren und anstreben. Wir erzwingen zwar nichts, aber sind immer wieder offen dafür, mit der Wahrnehmung eine Ebene tiefer zu gehen: Von den Gedanken zu den Empfindungen und vom Körper zu den Gefühlen. Durchfühlen wir alle Gefühle, können wir tiefere Erfahrungen von Einssein, Stille, Liebe und Unendlichkeit machen. Wobei es auch schon ein Akt der Selbstliebe ist, wenn du deinen Körper nur für eine Sekunde spürst.

> *Dahin wo wir unsere Aufmerksamkeit legen,*
> *dahin fließt unsere Liebe.*

Diese Art der Meditation folgt dem Geschehenlassen. Auch hier wollen wir es üben, die Kontrolle abzugeben und die Dinge von selbst geschehen zu lassen. Wir selbst treten vom kontrollierten Lenken unserer Aufmerksamkeit zurück. Wir sind der weise und neutrale Beobachter, der das wahrnimmt, was von selbst geschieht. Auf diese Weise wirst du auch feststellen, dass sich dein Fokus von selbst verändern wird.

Dein Bewusstsein wird z.B. von selbst den Impuls setzen, dass du deine Aufmerksamkeit auf den Atem verlagerst. Vielleicht wird dir auch irgendwann einmal bewusst, wie langweilig deine Gedanken sind und es kommt das Bedürfnis auf, verstärkt deinen Körper zu spüren. Oder deine Empfindungen interessieren dich nicht mehr so sehr und du möchtest lieber lernen, dein gegenwärtiges Gefühl zu erfahren.

Wie du dich jeweils den einzelnen Ebenen widmest, habe ich genauer in den vorherigen Kapiteln zur Wahrnehmung beschrieben. Diese kannst du verwenden, um auf die hier beschriebe Art zu meditieren.

Das Fallen

Deine Meditation lebt davon, dass du dich immer weiter entspannst und fallen lässt. Du lässt dich wahrlich in deinen Abgrund der Seele fallen. Du wirst es mit der Zeit selbst bemerken, wenn du die Augen schließt, dich vollkommen entspannst, deine Gedanken loslässt und immer weiter in deinen Gefühlen versinkst. Hier wird ein Gefühl des Fallens eintreten. Das ist völlig normal und ein gutes Zeichen.

Viele andere Meditationen würden hier nun darauf abzielen, die Kontrolle zu behalten und alle Gefühle nur zu beobachten. Gefühle sind aber zum Fühlen da und dies geschieht nicht, wenn wir sie nur beobachten. Der Weg in die Tiefe geht also über das Fühlen und Fallenlassen, was nur geschehen kann, wenn wir die Kontrolle loslassen.

> *Wenn du neue Erfahrungen willst, musst du vertrauen und ins Unbekannte gehen.*

Der Wunsch nach Kontrolle ist die größte Hürde auf dem Weg der Selbsterkenntnis. Du kannst dich nicht selbst erkennen, wenn du an deiner Kontrolle festhältst. Denn die Kontrolle geht vom Ego aus und solange du kontrollierst, bleibst du weiterhin in dieser Erfahrung. Tag für Tag versuchen wir alles und jeden zu kontrollieren, um ein möglichst sicheres Leben zu führen. Auf diese Weise können wir jedoch keine Erfahrungen machen, die über das Bekannte hinausgehen.

Das meditative Fallenlassen in die eigene Tiefe entspricht genau dem mutigen Ausdruck in der Welt. In beiden Welten – innen wie außen – sind wir mit dem Unbekannten konfrontiert. Wenn wir unsere Komfortzone verlassen und Neues wagen, können wir auch neue Erfahrungen sammeln. Ebenso wenn wir auch neue Welten in uns erforschen.

Haben wir den Mut und das Vertrauen, innen oder außen Neues zu entdecken, wirkt sich das auf den jeweils anderen Bereich aus. Begegnen wir z.B. unserer Angst vor dem Fallenlassen, wenn wir dabei sind innerlich loszulassen und schaffen es, diese zu durchfühlen, so sind wir auch automatisch im Leben mutiger. Die Angst ist ein und dieselbe, egal ob wir ihr über die Außen- oder Innenwelt begegnen.

> *Wie du zu deiner Angst findest ist egal,*
> *Hauptsache du durchfühlst sie.*

Generell haben wir eine Angst vor dem Unbekannten, vor dem Neuen und dem Ungewohnten. Dazu gehört auch oftmals die Welt der Gefühle. Das ist natürlich und es sei nochmals gesagt, dass wir nichts zu befürchten haben, egal wie groß unsere Angst davor ist. Oft wird es sich sogar so anfühlen, dass wir ein Gefühl – sei es Angst, Traurigkeit, Freude oder Wut – nicht aushalten könnten. Es fühlt sich scheinbar so an, als würden wir vor Freude explodieren, vor Angst sterben, vor Trauer zerfließen oder vor Wut überkochen.

Wenn wir uns Fallenlassen sind wir also langfristig damit konfrontiert, der Angst vor den Gefühlen zu begegnen und sie auszuhalten. Es kann das Gefühl auftreten, sich in diesem Abgrund, dem Nichts, aufzulösen und zu sterben. Wenn du diesem Gefühl begegnest geht es darum, dich auch in diese Ungewissheit fallen zu lassen.

Hier erwarten dich tiefe spirituelle Erfahrungen, die dich deiner Selbsterkenntnis näher bringen. Lässt du dich immer weiter aus dem Verstand heraus und in die Welt deiner Gefühle fallen, verbrennt dein Ego mit jedem Mal ein Stück mehr. Dein Bewusstsein macht in diesen Momenten die glasklare Erfahrung, wer oder was du wirklich bist. Dadurch haben die Gedanken des

Egos weniger Macht. Du kannst ihnen nun nicht mehr so sehr deinen Glauben schenken, denn du hast nun eine Erfahrung gemacht, die weit darüber hinaus geht und etwas anderes sagt.

Solltest du derart tiefe Erfahrungen machen, ist es mit dem einem Mal nicht getan, sondern das Aufwachen muss danach fortgeführt werden, indem du dir deiner inneren Wahrheit weiterhin bewusst bleibst. Das Ego wird wieder versuchen, die Kontrolle durch entsprechende Gedanken an sich zu reißen. Diese Momente musst du bewusst wahrnehmen können, damit du diesen Impulsen keine Macht mehr gibst, sondern bewusst bleibst.

Deshalb: Meditiere so viel du kannst, in allen Situationen des Alltags. Lerne die Vorzüge kennen. Es ist nicht nur ein unverzichtbares Tool für deine Selbstverwirklichung, sondern stärkt im gleichen Zug deine Gesundheit, deine Ausgeglichenheit und dein Bewusstsein. Mache das Meditieren zu deinem Lebensstil, immer und überall. Mache die wunderbare Erfahrung, wie es ist, die Welt und dich selbst bewusst wahrzunehmen, zu spüren und zu fühlen. Erfahre diese neue Tiefe des Seins und der Lebendigkeit.

> **ÜBUNG: SLOW MOTION**
>
> Mache die Dinge nur halb so langsam oder noch langsamer. Mache jeden Handgriff und jede Bewegung in völliger Achtsamkeit. Lerne dich zu Hause oder im Wald lautlos zu bewegen. Während du spazierst, gehe sehr langsam und halte immer wieder an. Vertiefen kannst du diese Übung, indem du wirklich sehr langsame Bewegungen wie in Zeitlupe machst. Das besondere an dem verlangsamten Tempo ist, dass wir dadurch automatisch in die Achtsamkeit und Gedankenstille kommen. Nehme, während du diese Übung machst, immer deine 4 Ebenen wahr:

- Umwelt: Versuche alles zu erfassen, was du im Außen und durch deine Sinne wahrnehmen kannst
- Gedanken: Alle neutral beobachten
- Körper: Spüre, was du im Moment empfindest
- Gefühle: Nehme deine Gefühle wahr

Diese Übung der ständigen Bewusstwerdung und Wahrnehmung von innen und außen ist essentiell und umso machtvoller, wenn du sie in deinem Alltag integrierst.

ÜBUNG: MEDITATION ALS GEWOHNHEIT

Damit du eine neue Gewohnheit in dein Leben integrieren kannst, musst du sie konsequent für mindestens 21 Tage machen. Dies gilt für alle Gewohnheiten, die du integrieren willst. Nehme dir also vor, mindestens für 21 Tage zu meditieren. Mache aus deiner Meditation ein Ritual. Schaffe einen ruhigen Raum und eine gemütliche Stelle in deinem Zimmer. Mache es am besten immer nach dem morgendlichen Duschen oder zu einer anderen Zeit. Die Länge kannst du selbst festlegen. Wichtig ist nur, dass du es wirklich jeden Tag für diese bestimmte Zeit machst. Es sollten mindestens 10-15 Minuten sein. Ich habe damals mit 45-60 Minuten begonnen. Am Anfang reicht es, mit der Wahrnehmung deines Atems zu beginnen. Nach und nach kannst du deinem Gefühl und Interesse entsprechend die anderen Ebenen der Wahrnehmung integrieren. Solltest du die Meditation an einem Tag nicht schaffen, beginnt deine Zählung der 21 Tage wieder von vorne.

4 Wünsche: Erkenne, was du willst

Ich kann mir vorstellen, dass viele Menschen dieses Kapitel als erstes aufschlagen, wenn sie sich die Themen des Buches anschauen. Die Wünsche spielen im Leben der Menschen eine große Rolle und doch wissen die wenigsten von der tieferen Bedeutung und wie sie sich diese wirklich erfüllen. Das soll sich nun in diesem Kapitel ändern.

Wir müssen einfach aus der gewohnten Perspektive heraus zoomen, um das Ganze sehen zu können. Da bin nicht nur ich und ich will etwas. Sondern ich bin noch mit weiteren Instanzen, wie z.B. dem höheren Selbst verbunden, das mein Leben mitgestaltet. Zudem können Wünsche auch einfach nur das Resultat aus meiner Vergangenheit sein, ohne jegliche Relevanz für meine tatsächliche Zukunft.

In diesem Stadium befinden sich viele. Sie sind nicht mit ihrem Selbst verbunden, spüren im Innern eine Leere und sehnen sich dabei nach einer Erfüllung. Geprägt von den Medien und den Einflüssen von anderen, die nach Ruhm und Erfolg streben, tun sie Dinge, mit der Absicht das Glück zu finden. Aber das, was uns die Medien derzeit verkaufen, hat nichts mit einem wirklich erfüllten Leben zu tun.

Wenn wir uns selbst verwirklichen ist das hingegen eine ganzheitliche Lebensweise. Hier werden alle Aspekte, die uns selbst ausmachen, gesehen und gelebt. Es ist keine kurzzeitige Suchtbefriedigung, sondern langfristig eine fundamentale und tiefgreifende Art, sich selbst zu begegnen und sein vollstes Potenzial zu entfalten.

Was sind Wünsche?

Wünsche sind in Wahrheit ein Sprachrohr des höheren Selbst, um den eigenen Weg im Leben zu gehen. Die Herzenswünsche geben also die Richtung an, wo uns die Erfahrungen erwarten, die wir uns vorgenommen haben. Es geht nur noch darum, die wirklich eigenen Wünsche zu erkennen und sie von den fremdgeprägten unterscheiden zu können.

Das ist nämlich das größte Problem, dass Menschen auf der Suche nach Glück ihren Wünschen hinterherrennen, die sie im Herzen nicht glücklich machen können. Entweder, weil es nur bloßer Konsum ist, oder weil der Wunsch nicht aus ihrem Herz entspringt.

Deshalb ist die Selbsterkenntnis eins der ersten Kapitel. Keine Selbstverwirklichung geschieht ohne Selbsterkenntnis. Erst wenn du dich selbst erkannt hast, kannst du deine wahren Wünsche des Herzen in Erfahrung bringen, dich damit selbst verwirklichen und somit auch Glück ernten.

Es geht nicht um Glücklichsein

Jede Erfahrung, die wir machen, ist sinnvoll.
Jedes Gefühl, das wir haben, ist sinnvoll.

Es geht hier aber nicht um Glücklichsein. Dessen müssen wir uns klar sein. Ich schreibe das Buch hier nicht, um dich glücklich zu machen, denn darum geht es im Leben nicht. Es geht um Wachstum, Erfahrung und Erkenntnis. Und dazu gehören nun mal **alle** Gefühlserfahrungen, seien sie nun gute oder schlechte. Erst diese Erkenntnis erlaubt es uns, das Leid zu beenden, indem wir auch die Tiefpunkte des Lebens besser annehmen können.

Am Anfang mag es schwierig sein, das so zu sehen, weil du es vielleicht lieber anders haben möchtest, aber folgendes ist in Bezug auf die eigenen Wünsche eine der wichtigsten Erkenntnisse, die man machen kann:

> *Wünsche sind nicht dazu da, dich glücklich zu machen und irgendein Leid zu beenden. Das kann die Erfüllung eines Wunsches auch gar nicht. Denn die Außenwelt ist immer nur ein Spiegel deiner inneren Gefühlswelt. Wenn du jetzt nicht glücklich sein kannst, wird eine Wunscherfüllung daran langfristig auch nichts ändern – unter der Annahme, das deine Grundbedürfnisse nach Essen und ein Haus über dem Kopf erfüllt sind.*

Auch wenn das jetzt enttäuschend für dich ist, es ist die tiefere Wahrheit, mit der wir uns anfreunden sollten. Das Wichtigste ist, dass wir vollkommen mit uns selbst in Kontakt sind und fühlen, was ist und somit automatisch zu einer inneren Zufriedenheit gelangen. Vor allem, wenn wir all das Denken beenden, das zu Unzufriedenheit führt. Lass es sein, nehme das Leben, wie es jetzt ist und nutze das Wünschen, um langfristig in den vollkommenen Einklang zu gelangen.

Dieser Einklang ist die 100%ige Verbindung zum höheren Selbst. Du spielst Computer, steuerst deinen Avatar und dieser bewegt sich tatsächlich so, wie du es willst. Das ist der Einklang mit dem Leben. Wir stellen unsere scheinbaren Wünsche des Egos von Lust und Begierden zurück, und lassen eine höhere Macht der Liebe durch uns geschehen.

Führt das zu Glück?

Auf magische Weise ja. Die Wünsche des Herzens, also des höheren Selbst, führen immer in das Unbekannte. Denn die Grundausrichtung des Lebens ist es ja, dass wir neue Erfahrungen und Erkenntnisse machen. Die erwarten uns außerhalb der Komfortzone.

> **ÜBUNG: DEIN LEBEN IN 5 JAHREN**
>
> Wie soll dein Leben in 5 Jahren aussehen? Versetze dich in deine Zukunft: Wie sieht dein Tag aus? Wo wachst du auf? Wo lebst du? Mit wem? Wie sieht die Landschaft aus? Hast du eine Arbeit? Was für eine? Was machst du nach Feierabend? Gibt es überhaupt einen Feierabend? Sei frei und schreibe erst mal alles auf, was sich für dich gut anfühlt. Wichtig: Schreibe alles in der Gegenwartsform auf, so als ob es bereits Realität ist.

Die Wichtigkeit der eigenen Leistung

Dabei müssen wir über unseren eigenen Schatten springen, Ängste überwinden, improvisieren, kreativ sein, lernen, probieren, hinfallen und wieder aufstehen. Das ist der Prozess der eigenen Potenzialentfaltung. Mit jedem Vorhaben, das wir angehen, wachsen und reifen wir mit neuen Erfahrungen – über uns selbst und über das Leben.

In dieser Art des Tuns brauchen wir keine Bestätigung von außen, kein Lob, keine Anerkennung. Wir selbst wissen und fühlen im Innern eine Zufriedenheit, die sich der eigenen Leistung bewusst ist. Dieser Schritt des Wachstums gibt dir die Erfüllung, nach der du dich sehnst.

> *Die Erfüllung im Innern geschieht,*
> *wenn du über dich selbst hinauswächst.*

Du hast eine Eigenleistung vollbracht und erntest deinen Erfolg. Ohne diese Eigenleistung gibt es kein langes Glück. Menschen die im Lotto gewinnen, haben diese Leistung bei einem Gewinn nicht erbracht. Deshalb sind sie an der Oberfläche glücklich, solange das Geld da ist. Es ist jedoch fast so schnell weg, wie es gekommen ist, und damit auch das Glück.

> *Wenn du etwas willst und an der Erfüllung innerlich wächst, kann auch eine innere Zufriedenheit eintreten.*

Mit diesem inneren Wachstum geht ein Anstieg deiner Schwingung einher. Dies habe ich im ersten Buch tiefer erklärt. Ein Wachstum deiner inneren Kompetenzen und Fähigkeiten erhöht deine Schwingung. Aus diesem Grund bringt Wissen alleine auch nicht viel. Die wirkliche Ernte kommt nur, wenn Wissen die Grundlage für praktische Erfahrungen und innere Erkenntnisse ist.

> *Wissen bringt nur etwas, wenn es die Grundlage für echte Erfahrungen ist.*

Wie Fülle kommt

Mit deiner erhöhten Schwingung wird sich schlagartig auch deine Lebenssituation daran anpassen. Empfindest du Mangel, wird dir das Leben genau das schenken: eine Situation in der du Mangel erfahren kannst. Das Leben passt sich deiner Schwingung an, die du ausstrahlst. Arbeitest du an dir und löst diese Illusion des Mangels auf, machst du den Weg frei, damit Fülle in dein Leben treten kann.

Fülle ist das Grundprinzip des Lebens. Wir finden es überall in der Natur. Unendlich viel frisches Wasser, das aus den Quellen entspringt. Bäume, die unzählige Früchte tragen, mit wieder unendlich vielen Samen, die wiederum die Basis für weiteres Leben und somit weitere Fülle sind.

Das dürfen wir als Menschen hier lernen: Fülle ist immer da und wir bekommen so viel, wie wir ausstrahlen. Es regnet förmlich Fülle und Reichtum vom Himmel herab, während die meisten Menschen einen Regenschirm über sich halten. Der Weg ist es nun, sich diesen Regenschirm bewusst zu machen, ihn einzuklappen und die Hände aufzuhalten.

Die Grundausrichtung des Lebens ist Fülle, die zu uns fließt. Wir selbst blockieren diesen Fluss nur.

Durch die Reflexion der eigenen Gedanken aus Kapitel „Verstand: Gedanken beobachten" (Seite 69) haben wir dazu schon den wesentlichen Schritt gelernt. Wir erkennen dabei die Illusion in den Gedanken, deren Inhalt wir uns im Herzen nicht wirklich wünschen. Wir hören auf, diesen Gedanken zu glauben und klappen durch Kontinuität den Regenschirm ein. Dadurch entfernen wir die Blockade und Fülle kann fließen.

Dazu kommen wir im Detail jedoch noch. Eins nach dem anderen. Fangen wir einfach an. Im ersten Schritt geht es darum den eigenen Wünschen bewusst zu werden und die Quelle zu prüfen. Kommt dieser vom Herzen oder vom Ego?

Die wahren Wünsche erkennen

Die „wahren" Wünsche sind für mich diejenigen, die vom Herzen kommen. Das Herz ist die wichtigste Schnittstelle zum höheren Selbst. Auf dem Weg der Selbstverwirklichung geht es nur darum, die höheren Wünsche zu erfüllen. Denn diese sind es, die uns auf tieferer Ebene aufgrund der oben beschriebenen Eigen-

leistung zufriedenstellen können. Mit der folgenden Übung kannst du dir einen Überblick verschaffen und prüfen, woher der Wunsch jeweils stammt.

> **ÜBUNG: WAS SOLL ES MIR GEBEN?**
>
> Nehme dein Journal zur Hand und schreibe alle Wünsche auf, die dir jetzt einfallen. Nach was sehnst du dich? Was willst du? Was sind deine Bedürfnisse und wie könnten diese gestillt werden? Dies bringt dir einen Überblick über deine aktuellen Wünsche. Schreibe alles auf, was dir einfällt. Du kannst hier – wie bei allen anderen Übungen auch – nichts falsch machen.
>
> Im nächsten Schritt gehst du jeden einzelnen Wunsch durch und beantwortest dazu die Frage „Was soll es mir geben?" Gehe dabei bei jeder Antwort immer tiefer und stelle dir erneut die Frage „Was soll es mir geben?"
>
> Dabei erfährst du, was du dir von einem Wunsch im Kern erhoffst oder anstrebst. Du kommst automatisch zur Quelle des Wunsches. Mit der jeweiligen Antwort kannst du fühlen, ob ein Wunsch vom Herzen kommt oder nicht.

~

Im Kapitel der Selbsterkenntnis haben wir bereits einen Einblick erhalten, wie das Ego funktioniert. Es sehnt sich nach Bestätigung, Anerkennung und Sicherheit. Oft agiert es rücksichtslos und gierig. Das können wir in den Antworten erkennen oder einfach nur die Tatsache: „Ich tue das, weil meine Eltern das sagen."

Gehe bei deinen Antworten immer tiefer und erforsche, was die tiefste Essenz ist, die hinter dem Wunsch steckt. Ist es z.B. der Wunsch nach einem eigenem Haus, können wir mit der Beantwortung der Frage herausfinden, dass wir uns im Prinzip nur nach Geborgenheit sehnen. Mit dieser Erkenntnis haben wir die Freiheit, Geborgenheit vielleicht auch auf eine andere Art in unser Leben zu integrieren oder sogar in uns selbst zu finden. Das würde uns den aufwändigen Prozess des Bauens oder Kaufens eines Hauses ersparen.

Wenn du die Qualität, nach der du dich sehnst, in der Meditation in dir findest, ist das der stärkste Weg, den Wunsch auch zu erfüllen. Der Wunsch wird damit fast schon zu einer Nebensache, weil du das Gewünschte schon in dir fühlen kannst. Das Fühlen der Erfüllung ist auch die Vorbedingung, wie wir einen Wunsch überhaupt erfüllen können. Denn wie gesagt, das Leben ist ein Spiegel dessen, was wir mit Denken und Fühlen ausstrahlen.

Der erste Weg ist immer, das Gewünschte in sich zu finden.

Mit der Gewissheit darüber, was du von einem Wunsch wirklich willst, kannst du weisere Entscheidungen treffen und deine Absichten in den Einklang mit deinem höheren Selbst bringen. Die Absichten des höheren Selbst enthalten keinen anderen Zweck, außer die Erfahrung selbst.

Es ist wie bei der Intuition bzw. es ist eine Sprache der Intuition: Wir tun es, weil es sich richtig anfühlt, aber wir können es nicht logisch erklären. Es gibt keinen Zweck, wie z.B. „Ich will den gut bezahlten Job, damit für meine Sicherheit gesorgt ist". Die Antwort des Herzens bei einem Wunsch ist einfach nur „Ich habe Freude daran" oder es gibt keine. Wenn ein Mensch uns danach fragt können wir nur mit den Achseln zucken und sagen, dass wir es so fühlen.

*Das Leben wird vorwärts gelebt
und rückwärts verstanden.*

Das ist der Grund, warum wir unser Leben auf diese Weise geschehen lassen müssen, anstatt kontrollierend einzugreifen. Die einzige Art von „Kontrolle" die wir ausüben sollten, ist, unseren wahren Wünschen bewusst zu werden und unsere Energie darauf auszurichten. So geschieht Selbstverwirklichung.

Auf diese Weise können wir unser Leben erst mental verstehen, wenn wir die Erfahrung bereits gemacht haben. Das höhere Selbst kennt den groben Fahrplan und schickt uns die Koordinaten, wir folgen dieser Stimme nur noch; vertrauensvoll und mit Ehrfurcht. Und doch werden wir nach dem Meistern einer Hürde immer nur eine Erkenntnis machen:

Wir sind erstaunt über die Magie des Lebens und erkennen den tieferen Sinn, der sich offenbart. Das Puzzle fügt sich Stück für Stück zusammen, ohne das es jemals ein komplettes Bild ergeben wird. Das Leben ist ein unendliches Kunstwerk, das stetig wächst und sich verändert.

Unserem Fahrplan folgen wir hauptsächlich mit dem Folgen der Intuition. Trotz dessen können wir uns einen vollständigen Überblick über unsere Wünsche und Ziele durch eine Selbstreflexion verschaffen. Das machen wir mit der Übung auf Seite 156.

Es ist für die eigene Klarheit auch wichtig, den Unterschied zwischen den verschiedenen Instanzen Sehnsucht, Vision, Absicht und Wunsch zu kennen. Während die Sehnsucht das einzige Element ist, das uns antreibt, sind Wunsch, Absicht und Vision Dinge, die wir zum Teil selbst definieren. Die Sehnsucht drückt sich also auf diesen Wegen aus. Im Folgenden möchte ich sie genauer erklären.

4.1 Deine Sehnsucht

Die Sehnsucht ist das tiefste Element in uns, das uns antreibt. Die größte Sehnsucht des Menschen ist es, sich selbst zu erkennen. Nur das kann ihm wahre Erfüllung liefern. So suchen dies viele verzweifelt in den gegebenen Wegen der Gesellschaft, die diese nicht anbietet.

> *Wir verirren uns in der Welt, auf der Suche nach*
> *uns selbst. Bis wir realisieren, dass wir das, was*
> *wir suchen, schon die ganze Zeit in uns tragen.*

Die Sehnsucht ist auf der Gefühlsebene, subtil und nicht direkt greifbar, jedoch tief und stark verankert. Sie ist ein guter Antrieb, weiter auf der Suche zu sein, um den Weg zu finden, sich selbst zu erkennen. Dank deiner Sehnsucht hast du womöglich auch zu diesem Buch gefunden. Denn dieses Buch ist genauso eine Brücke zu dir selbst.

4.2 Deine Lebensvision

Die Vision können wir als „roten Faden auf menschlicher Ebene" bezeichnen. In unserem Leben ist der rote Faden ein Ausdruck von dem, was uns wichtig ist. Was uns wichtig ist, setzt sich aus vielen verschiedenen Zutaten zusammen:

- Wünsche
- Bedürfnisse
- Werte
- Lebenssinn

> *Geduld und Vertrauen sind die wichtigsten*
> *Tugenden auf dem Weg der Selbstverwirklichung.*

Mit der letzten Übung in diesem Kapitel bringst du all deine Wünsche in Erfahrung. Die folgenden Übungen sind dafür eine Vorbereitung. So kannst du dich selbst erforschen und mehr über dich erfahren. Am Ende des Kapitels kannst du aus diesen Zutaten deine Vision formen.

Ich muss aber direkt dazu sagen, dass du deine Vision umso genauer in Erfahrung bringen kannst, je stärker du mit dir selbst verbunden bist. Die Praxis der Selbstwahrnehmung und Meditation hilft dir langfristig. Denn die Vision formt sich mit der Zeit von selbst zusammen. Mit den Übungen hier bekommst du einen Eindruck von diesem Gestaltungsprozess. Wenn es sich jetzt sofort nicht klar und stimmig anfühlt, hab einfach Geduld und vertraue dem Weg deines Lebens, der dich ohnehin Schritt für Schritt im richtigen Tempo an dein Ziel bringt.

Übung: Dein Lebenssinn erfahren

Nimm dir für diese Übung eine Stunde der Ruhe. Schlage eine neue Seite im Journal auf und schreibe als Überschrift „Der Sinn des Lebens". Notiere dazu alles stichpunktartig, was dir einfällt. Es ist wichtig, dass du über deine Ideen nicht nachdenkst und filterst. Lass den Stift von selbst schreiben. So können die wirklich wichtigen Dinge aus deinem Unterbewusstsein entspringen. Beachte bei diesem Prozess die Punkte, die dich emotional berühren. Alles, was Gefühle in dir auslöst, will dir etwas sagen. So haben auch alle Punkte in dieser Liste eine tiefere Bedeutung für dich, die dich berühren. Es kann sogar sein, dass dir bei einem bestimmten Punkt vor Berührung die Tränen kommen. Dann liegst du hier besonders richtig und hast weitere Ideen für die Formung deines roten Fadens im Leben.

Übung: Deine Werte erfahren

Was ist dir für dich und dein Leben wirklich wichtig? Im Anhang auf Seite 190 findest du eine Werteliste, die du zur Hilfe und zur Inspiration nehmen kannst. Schreibe die Werte in dein Journal, die dich ansprechen und ergänze sie nach deinen eigenen Vorstellungen.

Ordne sie nach deiner Wichtigkeit. Gehe jeden Wert durch und vergleiche ihn mit allen anderen. Wenn er wichtiger ist, rücke ihn nach oben.

In einem zweiten Schritt kannst du alle Werte ebenfalls mit der Frage „Was soll es mir geben?" durchgehen, um zu erfahren, was es dir wirklich geben soll. Dadurch kommst du womöglich an neue Werte, die du ergänzen kannst.

Nun hast du die Werte deines Ist-Zustandes. In einem letzten Schritt, nachdem du die Mindmap-Übung auf Seite 156 gemacht hast, kannst du die Werte betreffend deiner Wünsche erstellen. Du musst dir klarmachen, dass du je nach Wunsch auch die passenden Werte dafür aufstellen und leben musst, damit du diese auch erreichen kannst.

Übung: Deine Bedürfnisse erfahren

Was brauchst du für dein körperliches und seelisches Wohl? Nähe, Geborgenheit, Körperkontakt, tiefe Begegnungen mit Menschen, Ruhe und Sauberkeit zu

Hause und in der Nachbarschaft? Schreibe alles in deinem Journal auf, was du brauchst, damit es dir gut geht.

Alles, was dich berührt

Die Führung durch dein Leben geschieht u.a. auch durch die Dinge, die uns tief berühren. Manchmal, wenn ich eine bestimmte Zeile im Buch lese, eine bestimmte Schlüsselszene in einem Film oder ein besonderes Erlebnis habe, bin ich zu tiefst berührt und mir kommen die Tränen. Das ist die Sprache der Sehnsucht, die sich nach bestimmten Erfahrungen sehnt.

Deshalb ist es so äußerst wichtig, präsent zu sein und diese Momente der inneren Berührung mitzubekommen. Du solltest sie dir genauer anschauen und dich fragen, was dich daran genau berührt und welchen Wunsch oder Wert du dabei für dich ableiten kannst.

So können auch recht einfache und scheinbar gewöhnliche Momente zu einer inneren Berührung führen, weil sie individuell für uns eine Bedeutung haben. Ich erinnere mich noch an den Tag im Berliner Sommer, als ich von einem Freund aus dem Tischtennisverein zu seinem Picknick eingeladen wurde. Er selbst kam aus Norwegen und lud weitere Freunde aus den unterschiedlichsten Ecken der Welt ein, die er aus seinem Deutschkurs kannte.

Wir waren eine bunte Truppe, jeder mit seiner individuellen Einzigartigkeit, die hier an *einem* Picknick zusammenkamen. Es war für mich ein wundervoller Moment der Harmonie, der im Verlauf des Tages noch weiter verstärkt wurde. Denn irgendwann kamen die Kinder und Erwachsenen neben uns, über das Spielen und Musizieren ebenfalls mit uns in Kontakt. Ich saß in einem Moment da und blickte auf das harmonische Geschehen, in dem alle eins waren, egal mit welcher Herkunft, Aussehen und Stand in der Gesellschaft.

Dieser Anblick hat mich so sehr berührt, dass ich den Tränen nahe war. Ich erkannte dabei nicht nur, dass wir alle letztlich *eins* sind, also eine große Menschenfamilie, sondern auch, dass mir das Bewusstsein dafür am Herzen liegt. Dies floss damals in meine Vision ein. Heute trage ich mit meiner Arbeit dazu bei, das Bewusstsein für die Verbundenheit zu den Menschen und eben allem, was existiert, zu entfalten.

> **ÜBUNG: DEINE VISION FORMEN**
>
> Nimm deine Werte, Bedürfnisse und Wünsche aus den vorherigen Übungen und forme dazu deine Vision des Lebens. Definiere deine Vision in deinem Journal schriftlich. Was ist wichtig für dein Leben, deine Mitmenschen, die Natur, die Tiere und den Planeten? Lass alles in deine Vision einfließen, was dein Herz wirklich erfüllt und du diesem Planeten wünschst.

~

Kennst du deine Wünsche, Bedürfnisse und Werte, bringt dir das wertvolle Klarheit. Du nimmst dabei einen Standpunkt ein und weißt ein Stück mehr, was du willst. Du kannst für etwas einstehen und deine Energie in konstruktive Bahnen lenken, die deiner Lebensvision entsprechen. Natürlich ist alles Schwankungen und Änderungen unterworfen. Der Kern deiner Vision bleibt jedoch dein Leben lang gleich, wenn du sie einmal entlarvt hast. Sie ist der Grund, warum du hier bist. Und sie ist der rote Faden, der sich durch die Veränderungen in deinem Leben zieht.

4.3 Absicht: Entscheide dich

Während Wünsche langfristiger Natur sind, können wir mit einer Absicht ein konkretes Ziel im Hier und und Jetzt definieren. Die Absicht spiegelt das wieder, was jetzt gerade für dich am wichtigsten ist und somit als nächstes angegangen wird.

So gibt es zu jeder Zeit immer nur eine Sache, der du deine hauptsächliche Energie und Aufmerksamkeit schenkst, denn diese sind dein wichtigstes Gut. Das macht dein Leben einfach und effektiv.

Das besondere an der Absicht ist, dass sie konkret ist. Du sagst dem Leben direkt und glasklar, was du jetzt in diesem Moment erwartest. Damit steuerst du das Geschehen mit. Wie gesagt, du hast keine Kontrolle über das Leben in der Hinsicht, was du bekommst. Aber du hast zum Teil eine Kontrolle darüber, was du aussendest – je nach dem, wie bewusst du bist.

Zusammen mit dem Resonanzgesetz, das wir in den folgenden Kapiteln besprechen, kannst du damit im Sinne deiner Herzensvision dein Leben bewusst und erschaffend beeinflussen. Du sagst dem Leben, was du willst und das Leben antwortet dir, indem es dich über deine Intuition in Richtung Erfüllung steuert. Ob du diesen Zeichen dann folgst oder nicht, ist von deiner Bewusstheit und deinem Mut abhängig. Auf dem Weg der Selbstverwirklichung ist es jedoch ein Nebeneffekt, dass sich beide automatisch mit der Zeit immer weiter ausprägen.

Das Formulieren macht nicht nur in Bezug auf die eigenen Wünsche Sinn, sondern bei jedem Vorhaben, das du hast. Selbst wenn du in den Straßenverkehr gehst, kann es deine Absicht sein, Sicherheit zu erfahren: „Ich habe die Absicht, sicher durch den Verkehr zu gelangen."

Das gibt natürlich keine Garantie für 100%ige Sicherheit, denn du kannst das unabänderliche Schicksal nicht verhindern. Aber die Energie des Lebens und von dir selbst wird dadurch in gewisse Bahnen gelenkt, die deiner Absicht entsprechen. In diesem Fall z.B. in deine Wachheit, Aufmerksamkeit, Rücksicht und Voraussicht. Es bedeutet nicht, dass du die Absicht aussprichst, dann Verantwortung abgibst und dich fahrlässig verhältst.

Du sagst, was du willst, um dich selbst daran zu erinnern und dich auch danach zu richten, denn du selbst trägst nach wie vor die größte Verantwortung für dein menschliches Leben.

> **ÜBUNG: WAS IST DEINE ABSICHT?**
>
> Gewöhne dir für eine Zeit lang an, in jeder Situation deines alltäglichen Lebens eine Absicht zu finden. Du triffst dich z.B. mit einem Menschen und deine Absicht könnte sein, Freude mit ihm zu haben, zu lachen und einen interessanten Austausch zu haben. Oder du willst ihn auf einer neuen, persönlicheren Ebene kennenlernen. Wenn du einfach so ohne Plan spazieren gehst, kannst du eine Absicht darüber fällen, was du auf dieser kleinen Reise erleben möchtest. Gewöhne es dir an, eine Absicht zu definieren, jedes mal, wenn du in eine neue Situation kommst. Hat sich daraus eine Gewohnheit gebildet, kannst du das Setzen einer Absicht auf die Bereiche beschränken, die dir wirklich wichtig oder noch unbewusst sind.

~

Solange wir nicht bewusst eine Absicht fällen, verfolgen wir eine Absicht auf unbewusster Ebene. Wenn wir unsere Entscheidungen nicht bewusst fällen, werden diese von den unbewussten Verhaltenstrukturen gefällt, die das Resultat unserer Prägung sind und die wir seit eh und je leben.

Auf diese Weise erleben wir nichts Neues, sondern immer nur das Gewohnte. Wir drehen uns förmlich im Kreis und kommen nicht voran. Wachstum bedeutet, alte Strukturen abzulegen, die wir von Herzen nicht mehr leben wollen. Dann kann etwas Neues entstehen. Etwas, dass im Einklang mit unserem Herzen ist und uns in der Tiefe erfüllt.

Privat wie beruflich ist deine Absicht entscheidend für den Verlauf der Dinge. Niemals zu 100%, aber eben mit dem Anteil, der möglich ist. Was ist deine Absicht in beruflicher Sicht? Welche Absicht verfolgst du mit deiner Partnerschaft?

Manche Beziehungen sind wir vielleicht nur eingegangen, um nicht alleine zu sein. So halten wir es mit einem Menschen aus, der uns vielleicht Gesellschaft schenkt, aber mit dem wir ansonsten nicht viel gemeinsam haben. Das ist also nicht ganz die Wahrheit und ein Anlass, unsere Absichten zu überprüfen.

> *Ohne Absicht wird irgendetwas passieren. Mit einer klaren Absicht, gibst du deine Energie in eine Richtung, wo du eher das bekommst, was dir wichtig ist.*

Mit einer Absicht lebst du aktiv und bewusst. Vor dich hin zu leben oder dir selbst etwas vorzumachen ist nicht mehr möglich. Sobald du deine Absicht formuliert hast, weißt du, was los ist. In vielen Belangen wird dir klar, dass du gar keine Absicht hattest. Diese Situationen kannst du nun mit deinem Bewusstsein durchfluten.

> **ÜBUNG: ÜBERPRÜFE DEINE ABSICHTEN**
>
> Mache dir all deine gegenwärtigen Projekte und Beziehungen bewusst und überprüfe deine Absicht. Welche Absichten hast du früher unbewusst gefällt und bist du damit heute, wo du dir diese bewusst machst, immer noch einverstanden?
>
> Mache dir klar, was du wirklich willst und definiere daraus deine Absicht. Dein Leben wird sich dadurch automatisch verändern, weil die Absicht in dein Handeln übergeht.

Schlusswort

Letztlich geht es darum, Energie durch deine Aufmerksamkeit in eine Richtung zu bewegen, um ein bestimmtes Resultat zu erwarten. Du verfolgst ein Ziel und setzt dich dafür ein. Dafür ist es natürlich wichtig, zu wissen, wofür du deine Energie einsetzen willst. Nur so kannst du deine Ressourcen sinnvoll und effektiv, im Sinne von zielgerichtet, einsetzen.

Für diese Zielfindung spürst du in alle Dinge hinein und achtest auf das Gefühlsfeedback, das du in dir wahrnimmst. Dies funktioniert langfristig über Jahre in der bewussten Formung deiner Vision. Auf diesem Weg beginnst du kurzfristig damit, also jetzt, in alle Situationen und Umstände hineinzuspüren. Sind sie wirklich das, was du dir von Herzen wünschst?

Bringe damit dein Leben immer in den Einklang mit deinem Gefühl von Richtigkeit und Stimmigkeit. Unterlasse immer mehr die Dinge, die dich auf deinem Weg behindern, die dich nicht bereichern und die du dir für deine Zukunft einfach nicht vorstellst. Konzentriere dich hingegen immer mehr auf das, was dich bestärkt, in dem du einen Sinn siehst und was deine Sehn-

sucht des Herzens stillt. Im folgenden Kapitel lernst du, wie du bewusst deine Manifestationskraft auf die Erfüllung deiner Herzenswünsche ausrichtest.

> **ÜBUNG: MINDMAP „WÜNSCHE UND ZIELE"**
>
> Nachdem du alle vorherigen Übungen in diesem Kapitel abgeschlossen hast, kannst du zu dieser hier übergehen. In diesem Mindmap-Prozess fügst du alle Resultate zusammen, erweiterst sie und kristallisierst den nächsten Schritt heraus, der für dich ansteht.
>
> Im Ressourcenbereich zum Buch (siehe Seite 183) findest du die genaue Anleitung zum Erstellen deiner persönlichen Mindmap, auf der sich all deine Wünsche aus deinen verschiedenen Lebensbereichen abbilden. Diese Mindmap ist ein fortwährender Prozess, in dem wir manche Wünsche streichen, neue hinzufügen und viele als erfüllt abhaken werden. Diese Übung ist die Wichtigste aus diesem Kapitel.

5 Resonanzgesetz: Erschaffe bewusst

Kommen wir zu dem Kapitel, das für die Meisten wohl am interessantesten ist. Es geht um das bewusste Erschaffen der eigenen Wirklichkeit. Tatsächlich siedelt sich dieses Thema im Prozess der Selbstverwirklichung eher weiter hinten an. Es kommt dann zum Tragen, wenn wir wissen, was wir wirklich wollen und wer wir wirklich sind, wenn wir unsere Träume und Ziele kennen, die wir nun realisieren wollen.

Dafür nutzen wir das Resonanzgesetz. Es ist ein universelles Lebensgesetz, das es in dieser Welt zu erlernen gilt. Es besagt, dass du das in dein Leben ziehst, was du ausstrahlst. Demnach ist deine Lebenssituation und das, was dir widerfährt, nur eine Spiegelung von dir selbst. Nicht nur von dem, was du bewusst denkst und fühlst, sondern vor allem auch unbewusst. Deshalb ist es so wichtig, sein Bewusstsein immer weiter auszudehnen, um das zu bekommen, was man auch wirklich bekommen will.

Ein sehr einfaches Beispiel spiegelt das Resonanzgesetz wieder: Begegnest du einem Menschen mit Wut, liegt es nahe, dass er wütend auf dich reagieren wird. Begegnest du dem gleichen Menschen jedoch mit Freude, liegt es nahe, dass er auch mit Freude auf dich reagieren wird.

Das, was du in die Welt hinaus strahlst, spiegelt dir diese wieder, in allen Situationen, Ereignissen und Begegnungen. Mit diesem Wissen ist es dir immer weniger möglich, die Schuld auf andere Menschen zu schieben. Dabei offenbart sich für ein großes Feld der Erkenntnis, in dem du dir deine unbewussten Anteile bewusst machen kannst.

Auf diese Weise kannst du die blockierenden und „ungewollten" Anteile deines Lebens in solche „verwandeln", mit denen du von Herzen einverstanden bist.

> **ÜBUNG: UNBEWUSSTES ERSCHAFFEN ÜBERPRÜFEN**
>
> Wenn das neu für dich ist, kannst du das auch kurz in einer Reflexion überprüfen: Schau deine gegenwärtige Lebenssituation an und schau zurück, was du bisher so gedacht und gefühlt hast. Kann es sein, dass das, was du erlebst, mit deinen bisherigen Gedanken und Gefühlen übereinstimmt?

~

Jeder Gedanke, den du hast, ist wie ein Samenkorn, das du in den Boden legst. Denkst du den Gedanken öfters, gießt du den Samen. Bis er zu wachsen beginnt und sich als reale Situation in deinem Leben manifestiert.

Das Leben ist dazu da, damit wir aufwachen
und uns selbst bewusst werden.

Gedanken führen zu Gefühlen, die du ausstrahlst und das Leben kann nichts anderes tun, als darauf zu reagieren. Wenn du wütend auf das Leben bist, schenkt es dir Situationen, damit du weiter wütend sein kannst. Wenn du das Leben liebevoll in den Arm nimmst, schenkt es dir Situationen, in denen du vom Leben liebevoll in den Arm genommen wirst.

Komme jetzt bloß nicht auf die Idee, dir gewisse Gefühle zu verbieten, denn ich rede hier von deiner grundlegenden Lebenseinstellung. So wie du dem Leben begegnest, so wirst du den Spiegel bekommen. Aus diesem Grund kannst du all deine

Gedanken überprüfen, die für deine gewünschte Lebenseinstellung nicht förderlich sind. Mache dir klar, was du vom Leben wirklich willst und richte darauf dein Denken aus. Dein Fühlen wird dem nachkommen, soweit es notwendig ist. Es geht nicht darum, ungewünschte Gefühle zu transformieren und sogar zu unterdrücken. Das wäre der falsche Weg.

Gefühle sind zum Teil ein Resultat deines Denkens. Deshalb kannst du in erster Linie dein Denken ändern. Alle anderen Gefühle sind Altlasten aus deiner Vergangenheit, die es zu durchfühlen gilt, oder es sind spontane Reaktionen auf dein gegenwärtiges Erleben, oder sie sind Teil der Sprache deiner Intuition. Dies kannst du nur durch ein immer feineres Hineinspüren unterscheiden lernen, was du natürlich auch tun solltest. Generell gilt jedoch: Wenn ein Gefühl da ist, dann durchfühle es bewusst.

> **ÜBUNG: DEINE EINSTELLUNG ZUM LEBEN**
>
> Manche hassen ihr Leben, manche lieben es. Wie siehst du es? Mache dir in einer Selbstreflexion deine gegenwärtige Beziehung zum Leben bewusst. Entscheide danach, ob du daran etwas verändern willst und kläre für dich, wie sich dadurch dein Denken verändern muss.

Das Leben als Spiegel

Resonanz bedeutet Schwingung. Der Name kommt daher, dass sich dein Leben nach deiner Schwingung ausrichtet. Jeder Gedanke und jedes Gefühl hat dabei seine eigene Schwingungsfrequenz. Wut, Hass und Angst haben eine eher niedrige Schwingung, während Freude, Enthusiasmus und Liebe eine hohe Schwingung haben. Weil das Resonanzgesetz das anzieht, was du bewusst oder unbewusst ausstrahlst, wird dieses Gesetz auch Spiegelgesetz genannt.

*Wenn du in den Spiegel schaust und du deine
Frisur verändern möchtest, wohin geht dann deine
Hand?*

Die meisten versuchen im unbewussten Zustand verzweifelt in den Spiegel zu greifen, was natürlich nicht funktioniert. Sie wollen das Leben verändern, wobei das Leben nur eine Spiegelung ihrer Selbst ist. Wie die Schulmedizin, wollen sie das Symptom an der Oberfläche behandeln, ohne den tieferen Sinn des Geschehens zu erkunden und sich selbst bewusst zu werden.

*Wenn du nun dein Leben verändern willst,
ist der einzige Weg, dich selbst zu verändern.*

Wie Verletzungen entstehen

Die Situationen, in denen die meisten Menschen nicht denken, dass sie diese selbst miterschaffen haben, sind die, die sie verletzen. Natürlich entspringt dies selten einem bewussten Wunsch, aber blickt man genauer hin, so offenbart sich darin immer auch eine tiefere Erkenntnis über sich selbst.

Das Problem liegt darin, dass wir uns selbst nicht komplett bewusst sind. Der Großteil unseres Denkens und Fühlens wird vom Unterbewusstsein gesteuert, in dem auch alle ungelösten Konflikte aus der Vergangenheit arbeiten. Diese steuern unser Verhalten und Empfinden solange mit, wie wir diese Themen aus der Vergangenheit nicht bewusst verarbeitet haben.

Damit du das Leben deiner Träume führen kannst, musst du die Mechanismen durchschauen, die derzeit auf unbewusster Ebene dein Leben formen. Dieser Schritt liegt in unserer Selbsterkenntnis und dem Durchfühlen aller angestauten Gefühle aus der Vergangenheit.

Das ist die große und alles entscheidende Erkenntnis, die diese Welt noch machen darf: Alle Kriege, seien es die der Nationen oder die in den Partnerschaften, führen darauf zurück, lediglich das Außen verändern zu wollen, anstatt bei sich selbst zu schauen. Dabei ist jeder Konflikt eine Lerneinheit für beide Parteien. Immer. Diese Tatsache ist so wichtig, dass ich sie hier noch ein paar Mal wiederholen muss.

> *Jeder Konflikt wird von beiden Seiten erschaffen.*
> *Er geschieht, damit sich beide Seiten jeweils ein*
> *Stück mehr ihrer selbst bewusst werden.*

Krieg, Verletzung und Kampf ist nicht das, was wir im Herzen wirklich wollen. Niemals. Sie sind lediglich die Hilferufe des verletzen Egos, das irgendwie versucht, das Leben auf seine beste Weise zu steuern. Das ist natürlich immer wieder zum Scheitern verurteilt, denn wer kämpft, wird mit Kampf gespiegelt werden.

Weil Kampf niemals aus dem Herzen entspringt, können wir uns folgendes bewusst machen:

> *Wer wütend ist und kämpft, ist in Wirklichkeit*
> *einfach nur verletzt. Der Kampf ist seine einzig*
> *bekannte Art, mit der Verletzung umzugehen.*

Daraus ergibt sich, dass jeder Mensch ein reines Herz hat. Auch wenn er verletzend agiert, ist dies nur ein Hilferuf seiner Verletzung. Das ist eine große Erkenntnis, aus der sich dein Umgang mit Verletzung grundlegend verändern wird.

Jedesmal, wenn ein Mensch dich verletzt kann es einerseits dein Anliegen sein, durch Rückfragen ihn zu verstehen, und andererseits geht es darum, dich selbst zu verstehen. Was verletzt dich genau und welche Verbindung besteht hier zu deiner Vergangenheit?

Wenn dir Verletzung widerfährt, möchte noch ein Gefühl aus deiner Vergangenheit abschließend durchfühlt werden.

Das Gleiche gilt, wenn du die verletzende Person bist. Dann muss es vorher schon eine Verletzung in dir gegeben haben. Es geht dabei nicht um die Situation und den Auslöser, sondern einzig und allein um das Gefühl. Dieses will gefühlt und dadurch geheilt werden. Das Gefühl ist somit auch die Brücke zu deiner Vergangenheit, wo eine alte, bestehende Verletzung nun geheilt werden kann. Wenn du die Verletzung fühlst, kannst du dich fragen, wo du dieses Gefühl zum ersten Mal gefühlt hast.

Somit kann von selbst eine Situation aus deiner Vergangenheit auftauchen, die nun ein letztes Mal bewusst erfahren, verstanden und durchfühlt wird. Dadurch geschieht Heilung und die alten Schmerzen lösen sich auf, die bis dato das Geschehen in deinem Leben auf unbewusster Ebene mit erschaffen haben.

Das ist der wesentliche Grund, warum wir uns in dieser Lehre auch stark mit den Gefühlen und deren Heilung befassen. Wir wollen das unbewusste Erschaffen minimieren und immer mehr in das bewusste Erschaffen unserer Realität eintreten, durch das die Verwirklichung unserer Seele geschehen kann.

Die Kraft deiner Vorstellung

Das Leben ist ein Spiegel dessen, was du bewusst und unbewusst denkst und fühlst, sowie den Kräften, die du aus deiner menschlichen Perspektive nicht in der Hand hast. Zu letzterem kommen wir später noch genauer. Wenn du einen Wunsch hast und ihn verwirklichen willst, musst du also erst in die Schwingung kommen, die dem erfüllten Wunsch entspricht.

Das bedeutet, du fühlst dich so, als sei der Wunsch bereits erfüllt. Du begibst dich damit in eine Schwingung und das Leben hat keine andere Wahl, als sich daran anzugleichen. Dafür ist es eben auch notwendig, all das anzuschauen, was dich von deiner gewünschten Schwingung abbringt.

> *Um etwas zu erreichen, musst du deine Energie in eine gewisse Richtung lenken und alle Blockaden entfernen, die den Fluss der Energie noch stören.*

Machen wir ein Beispiel. Aktuell hat Fred durchschnittlich 1.000 Euro auf dem Konto. Das gibt ihm ein gewisses Lebensgefühl und natürlich gewisse Möglichkeiten, das Angebot des Lebens zu nutzen. Die Schwingungsfrequenz von Fred ist somit augenscheinlich auf 1.000 Euro gesetzt. Er ist es gewohnt, diese Summe zu besitzen und kann damit umgehen.

Wenn Fred mehr erleben oder einen höheren Komfort genießen möchte, muss er seine Schwingung verändern. Möchte er einen Kontostand von 5.000 Euro, benötigt er dazu die passenden Gedanken und Überzeugungen. Er muss es im Innern mit jeder Zelle und Faser verstehen und fühlen, dass es für ihn möglich ist, diese Summe zu besitzen und dass er es sich wert ist. Er muss sich im Prinzip komplett so fühlen, als würde sein Kontostand bereits 5.000 Euro anzeigen.

Das ist der Prozess, wie wir das Resonanzgesetz für das bewusste Erschaffen unserer Realität nutzen. Wir wissen, was wir wollen, wir haben eine klare Absicht und wir tun alles dafür, um in diese Schwingung zu kommen und sie auszustrahlen. Wie tun wir das?

Der erste Schritt ist, sich dies vorzustellen. Du stellst dir vor, wie es ist, wenn sich der Wunsch realisiert. In der Welt deiner Gedanken lebst du so, als ob sich der Wunsch erfüllt hat. Dies bringt Gefühle zum Vorschein, die wir uns weiter ansehen wollen.

Es kann sein, dass Gefühle des Mangels aufkommen. Du kannst es dir vielleicht gar nicht gedanklich vorstellen und das ist ein interessanter Punkt, an dem wir uns selbst näher erforschen wollen. Du durchfühlst wie immer das Gefühl und fragst nach den Momenten, an denen du es zuletzt und zum ersten Mal gefühlt hast. Mache dir bewusst, wie du geprägt wurdest, welche Gedanken des Mangels es in deinem Glaubenssystem gibt und woher sie stammen. Mit den Methoden aus dem Kapitel „Glaubenssätze auflösen" (Seite 41) kannst du dich nach der Gefühlsarbeit daran machen, deine blockierenden Gedanken aufzulösen. Die Gefühle haben jedoch immer Priorität, weil sie einer tieferen Ebene in uns entspringen.

> *Gefühle sind substanzieller, denn zu einem Gefühl*
> *gibt es unzählige Gedanken, während unzählige*
> *Gedanken auf ein Gefühl zurückführen.*
> *Durchfühlst du das Ursprungsgefühl, löst du damit*
> *auch unzählige Gedanken auf, und das führt zu*
> *einer neuen Freiheit.*

Durch die Auflösung alter Gefühle und illusionärer Gedanken, wird das Hindernis abgerissen, das dir auf dem Weg zur Erfüllung noch im Weg steht. Das ist der größte Punkt, der dir normalerweise in anderen Werken über das Resonanzgesetz vorenthalten wird.

Mit innerer Klarheit und Gelöstheit bist du in der Lage, mit deiner Vorstellungskraft in das Gefühl der Erfüllung zu gehen. Du fühlst dich so, als sei der Wunsch bereits Realität geworden. Nutze dafür Bilder, aber auch alle Sinne, wie riechen, schmecken und hören, die dann zu dem entsprechenden Gefühl führen.

Fred würde sich also vorstellen, wie es sich anfühlt diese Geldsumme zu besitzen. Noch wichtiger ist seine Vorstellung darüber, wie er das Geld ausgibt und an dem Genuss des Lebens teil-

nimmt. Er muss sich also im Klaren darüber sein, warum er das Geld überhaupt besitzen sollte und was er damit anstellen möchte.

Wenn du dir denkst „Ja, wenn ich Geld habe, dann sind meine Probleme gelöst" dann mach dir klar, dass das kein wirkliches Lebensgefühl ist. Es ist eigentlich nur ein illusionärer Gedanke, der sich auf das richtet, was du nicht willst: Probleme. Energie folgt der Aufmerksamkeit und so wird dieser Wunsch nur zu neuen Problemen führen.

> *Energie folgt deiner Aufmerksamkeit.*

Ist das Geld jedoch die Grundlage für die Erfüllung eines konkreten Wunsches den Fred hat, wie z.B. eine Weltreise, dann kann er sich mit dem Thema auseinandersetzen und immer wieder in das Gefühl gehen, wie es ist, die Welt zu bereisen und das Fremde zu entdecken.

Auch Tagträume sind dafür förderlich, in denen Fred mit innerer Sicherheit seine Zukunft passieren sieht: Er reist durch die Welt und erlebt bestimmte Dinge. Wird dies mit einem Gefühl der Vorfreude begleitet, ist es nur noch eine Frage der Zeit, bis der Traum Realität wird.

> *Ein Gefühl von „Ja, genauso wird es passieren" ist*
> *für die Erfüllung deiner Wünsche förderlich.*

Letztlich geht es um das Gefühl, das wir mit uns herum tragen und ständig ausstrahlen, egal ob wir aktiv daran denken oder nicht. Wenn wir einmal die Absicht gefällt und die innere Gewissheit haben, dass es so eintreten wird, ist die Hauptarbeit des Wünschens gemacht. Dann müssen wir nur

noch achtsam durch das Leben gehen. Die Intuition wird uns dann die nötigen Zeichen senden, nach denen wir nur noch handeln müssen, um die Erfüllung zu manifestieren.

Das Jetzt ist auch Vergangenheit

Aus diesem Grund ist der gegenwärtige Moment zum Teil auch deine Vergangenheit. Denn alles, was du bisher gedacht und gefühlt hast, hat den augenblicklichen Moment mit erschaffen. Das Hier und Jetzt ist also auch das Resultat deines bisherigen Denkens.

Wenn du dich im Hier und Jetzt nach einem anderen Erleben sehnst, beginnt dies bei deinen Gedanken. Diese führen zu anderen Gefühlen und ziehen andere Erlebnisse nach sich. Damit nutzt du das Resonanzgesetz für das bewusste Erschaffen deines augenblicklichen Erlebens.

Tatsächlich verändert sich ja auch dein Erleben unmittelbar mit jedem Gedanken, den du denkst. Und tatsächlich gibt es zwischen der Welt deiner Gedanken und dem, was du Realität nennst, keinen großen Unterschied.

Traum und Realität

Es gibt im Menschen die Zirbeldrüse, die sich zwischen den Augenbrauen befindet. Dort wird das augenblickliche Erleben verarbeitet, also alles was du siehst und an sonstigen Sinneswahrnehmungen empfängst. Wenn du nachts träumst, wird der Traum ebenfalls in der Zirbeldrüse erlebt. Wie du weißt, fühlen sich Träume sehr real an. So real, dass wir denken es sei die Realität. Für das Erleben gibt es also keinen wirklichen Unterschied zwischen Traum und Wirklichkeit. Es könnte auch genauso gut sein, dass das Erleben in unserer Wachzeit ein Traum ist und der Nachttraum die Wirklichkeit.

Ähnlich real fühlen sich also auch unsere Vorstellungen und Tagträume an. Es gibt, was das Erleben betrifft, keinen großen Unterschied. Vorausgesetzt, deine Fantasie, deine Vorstellungskraft und dein Gefühlskörper sind lebendig. Du musst in der Lage sein, dir Dinge vorstellen zu können und die Gefühle dahinter zu fühlen. Sollte das nicht der Fall sein, widme dich verstärkt dem Kapitel „Gefühlskörper: Gefühle fühlen" (Seite 92) und den darin enthaltenen Übungen.

Wer einmal einen Porsche gefahren ist, der kann das Gefühl mithilfe seiner Erinnerung immer wieder abrufen. Du besitzt keinen Porsche, aber es ist ein Wunsch von dir?

Dann weißt du ja jetzt, was zu tun ist. Du gehst zum Autohändler, machst eine Probefahrt oder mehrere und stellst dir zu Hause vor, wie es sich anfühlt, ein Leben mit einem Porsche zu führen.

Es geht um deinen Gefühlszustand

Mit diesem Wissen solltest du verstehen, dass es primär um deinen Gefühlszustand geht, nicht um die tatsächliche Materie, die du deinen Besitz nennst. Wenn du ein glückliches Leben führen willst, musst du herausfinden, was dich gegenwärtig daran hindert. Das Fehlen eines schnellen Autos kann es nicht sein. Denn tatsächlich ist es dein Denken und Fühlen, das dich unglücklich macht. Bist du aber glücklich, bekommst du das vom Leben wie immer gespiegelt.

> *Alles beginnt bei deinen Gedanken und Gefühlen.*
> *Ändere dich, nicht dein Spiegelbild.*

Und leider gibt es auch keinen Schuldigen, auf den du mit dem Finger zeigen kannst. Denn du selbst triffst augenblicklich die Entscheidung darüber, wie du dich fühlen willst. Du selbst kannst mit deinem bewussten Sein darüber entscheiden, wie du denken und was du in dein Leben ziehen willst.

Willst du die Matrix aus Hass, Ärger, Mangel und Kampf verlassen, beginnt das mit einer Entscheidung, die du hier und jetzt fällst. Konsequenterweise wirst du dann jedoch auch alle Finger auf dich selbst richten, mit denen du aktuell noch nach außen zeigst.

Es gibt keine Schuldigen, die du verurteilen kannst. Was vergangen ist, ist vergangen. Das Einzige was du jetzt noch hast, ist das augenblickliche Erleben. Wie willst du dich jetzt fühlen? Wenn du deine restliche Zeit auf Erden nicht in Hass und Ärger verbringen willst, dann übernehme die Verantwortung für dein Fühlen und kümmere dich bewusst darum.

Löse deine Konflikte mit der Vergangenheit und erschaffe bewusst das, was du vom Leben wirklich willst. Erschaffe es hier und jetzt mithilfe deiner Vorstellungskraft und fühle es. Es geht primär um dein Gefühl. Nicht darum, dass das Ersehnte tatsächlich eintritt. Das wird zur Nebensache, denn wenn du fühlst, wird sich das Geschehen automatisch danach ausrichten.

Das geht soweit, dass dir das Eintreten des Wunsches regelrecht gleichgültig sein sollte. Du vergisst im Prinzip, was du zukünftig erleben wirst. Hauptsache du kümmerst dich um dein augenblickliches Fühlen.

> *Die materielle Erfüllung tritt ein, wenn du die Erfüllung nicht mehr brauchst und willst.*

Fred würde also einfach nur in das neue Lebensgefühl gehen, das eintritt, wenn er das gewünschte Geld auf dem Konto hat. Es kettet aber weder sein Selbstwertgefühl daran, noch verspürt er ein Gefühl von „Haben-Wollen".

Wenn wir im Gefühl des Wollens sind, sagen wir dem Leben, dass wir dieses Gefühl gerne fühlen wollen. Das Leben spiegelt uns dies also immer wieder, indem es uns den Wunsch **niemals**

erfüllt. Wir bleiben damit erfolgreich im Zustand des Wollens und bekommen das, was wir ausstrahlen. Deshalb musst du aufhören Dinge zu wollen. Stelle dir vor, wie es ist, diese zu haben oder es zu sein.

> *Du bekommst, was du gibst.*

Die Falle der Selbstmanipulation

Zur Sicherheit, damit du es auch wirklich verstehst, sage ich es dir nochmals: Wenn du ein „schlechtes" Gefühl hast, geht es nicht darum, dir sofort ein „gutes" Gefühl zu machen, indem du dich in die Welt deiner Vorstellung flüchtest.

Das, was du nicht willst, will von dir bewusst erkannt, gesehen und durchfühlt werden. Langfristig musst du an die Quelle des Gefühls zurückgehen und die ursprüngliche Situation durchfühlen. Dadurch entsteht eine innere Gelöstheit und ein innerer Frieden, der seines Gleichen anzieht.

Das nenne ich eine bewusste Arbeit mit deinen Gefühlen. Hast du diese abgeschlossen, kannst du dich zeitweise um das Manifestieren deiner Wünsche kümmern, indem du deine Vorstellungskraft nutzt.

Tust du das den ganzen lieben Tag, geht das reale Leben an dir vorbei. Auch wenn sich die Realität unseren Gedanken anpasst, so findet das wirkliche Erleben trotzdem im Hier und Jetzt statt. Dies ist der einzige Moment der Lebendigkeit, in dem auch der Kontakt zur Umwelt stattfindet.

> *Das Hier und Jetzt ist und bleibt der wichtigste Moment. Es ist der Moment der höchsten und wahrhaftigsten Lebendigkeit.*

In der Welt deiner Gedanken findet kein wirklicher Kontakt zu deiner Umwelt statt. Damit will ich nur sagen, dass es im Prinzip das Beste ist, wenn du die meiste Zeit im Hier und Jetzt präsent bist. Aus diesem Grund enthält unsere bevorzugte Art des Meditierens keine Visualisationstechniken, wo wir uns bestimmte Dinge vorstellen, sondern wir lernen, soweit es geht mit dem in Kontakt zu gehen, was hier und jetzt von selbst geschieht.

Wie dein höheres Selbst mitmischt

Wie im Kapitel Selbsterkenntnis beschrieben, sind wir mehr als Körper, Geist und Gefühle. Die tiefste Quelle unseres Lebens ist die Seele (höheres Selbst), die hier eine Erfahrung als Mensch macht. Wenn du dies in dir fühlen kannst, dass du mehr bist, als du sehen kannst, wird das Leben einfacher und verständlicher. Denn schau dir das Leben an: Es ist magisch und viele Dinge können wir nicht verstehen.

Vor allem wenn wir uns mit dem Resonanzgesetz beschäftigen, können wir immer wieder die Erfahrung machen, dass die Dinge manchmal doch ein bisschen anders laufen, als erwartet. Wir haben also keine vollständige Kontrolle über das Leben, nicht mal über das, was wir ins Leben hinaussenden. Das wäre ein Zustand von vollständiger Heilung und vollständiger Bewusstheit, was einerseits ein unrealistischer Zustand ist und andererseits nicht erstrebenswert wäre – denn dann würde die Magie des Lebens verschwinden.

> *Der Mensch verwirklicht sich*
> *in dem Plan seiner Seele.*

Die Seele, die hier durch dich die Erfahrung als Mensch macht, verfolgt einen gewissen Plan. In diesem Plan sind gewisse Arten von Erlebnissen, Erfahrungen und Erkenntnissen eingeschlossen, wonach die Seele strebt. Aber auch Absichten an weltlichen

Veränderungen, welche die Seele als Mensch in dieser Verkörperung verfolgt. Das kommt dann deiner Lebensvision gleich, die du nach und nach entdecken kannst.

Es sind also nicht nur wir aus unserer menschlichen Perspektive, die etwas „wollen". Die Seele will genauso etwas. Der Einklang mit dem Leben stellt sich dann ein, wenn wir als Mensch das in Erfahrung bringen, was die Seele will. Das können wir durch die Ausdehnung unserer Bewusstheit, durch Meditation und das Folgen unserer Intuition erreichen. Das zu manifestieren, was dem Plan der Seele entspricht ist letztlich Selbstverwirklichung.

Mit diesem Wissen können wir uns einen Teil der Dinge in unserem Leben erklären, wo wir sagen „Hm, eigentlich wollte ich das gar nicht" und die auch nicht aus einem ungelösten Konflikt aus unserer Vergangenheit entspringen. Die Seele liebt es alles in Erfahrung zu bringen, wozu wir als Mensch fähig sind. Das beinhaltet die komplette Bandbreite menschlicher Gefühle und alle denkbaren Erlebnisse, wozu natürlich auch Schicksalsschläge und Enttäuschungen gehören.

> *Die Seele sehnt sich stets nach neuen Gefühlserfahrungen.*

Das Beste, was du in jeder Situation machen kannst, ist das Annehmen. Wenn etwas schon mal da ist, bleibt dir im Prinzip nur noch, es anzunehmen. Das bedeutet vor allem, dass du mit der Situation in Kontakt gehst und in Erfahrung bringst, was du daraus lernen kannst. Denn es kann sein, dass diese Situation durch das höhere Selbst manifestiert wurde, weil es eine Erkenntnis für dich vorsieht. Deshalb werden immer weitere Situationen ins Leben kommen, die zu der gewünschten Erkenntnis führen können, solange du die Lerneinheit nicht verstanden hast.

*Mit dem Leben in Kontakt zu gehen und einen
Dialog zu führen, bringt neue Erkenntnisse und
neue Bewusstheit.*

Das Leben ist also nicht ein einziges Wunschkonzert, in dem wir erschaffen können, was wir nur wollen. Denn es sind viele Instanzen in uns und außerhalb von uns, die das Geschehen mit beeinflussen. Außerhalb von uns ist das in erster Linie das höhere Selbst; in uns das Unterbewusstsein, in dem auch alle Prägungen aus der Vergangenheit arbeiten, sowie unterdrückte Gefühle, die auf ihre Erlösung warten. Die folgende Übung kann dir helfen, neue Erkenntnisse aus einer unverständlichen Situation zu gewinnen.

ÜBUNG: MIT DEM LEBEN SPRECHEN

Immer wenn du mit einer unverständlichen Situation konfrontiert bist, kannst mit dem Prozess des Schreibens Licht ins Dunkle bringen. Du nimmst dein Journal zur Hand und gehst kurz in eine Meditation, um bei dir selbst anzukommen. Der Schreibprozess funktioniert nun wie ein Dialog, du stellst Fragen und beantwortest sie dir umgehend. Wenn dir nichts einfällt, kannst du inne halten, meditieren und warten, bis eine Erkenntnis aufkommt. Dein höheres Selbst kann vor allem in den erwartungslosen Momenten der inneren Gedankenstille mit dir sprechen. Du bist dabei das Medium, das die Worte empfängt und zu Papier bringt. Nutze das Schreiben, um Fragen zu stellen, die du dir selbst beantwortest. Beantworte die Fragen nicht mit deinem logischem Verstand, sondern mit den Gedanken, die aus der inneren Stille auftauchen. Auf diese Weise verbindest du dich mit deiner innewohnenden Weisheit.

So einfach dieses Werkzeug ist, so machtvoll ist es. Die wichtigsten Dinge, die wir zum Leben brauchen, erkennen wir immer daran, dass sie einfach sind. Trotz der Einfachheit, ist es manchmal nicht leicht, sich derart mit sich selbst zu befassen. Auf dem Weg der Selbstverwirklichung ist dies jedoch essentiell. Keine Selbstverwirklichung geschieht ohne den direkten Kontakt zum eigenen Selbst. Der Weg zum wahren, höheren Selbst führt dabei immer nach innen, über das Fühlen und Wahrnehmen bei innerer Stille.

Das Wünschen in der Praxis

Wenn du mit dem Wünschen beginnst, ist es gut mit kleinen Dingen anzufangen. Auch das vorher genannte Beispiel mit Fred's neuem Kontostand ist dabei zu hoch gefasst. Wenn der aktuell bei 1.000 Euro ist, wären die nächsten Schritte 1.500 Euro oder 2.000 Euro.

> *Je höher der Wunsch,*
> *desto höher muss auch deine Schwingung sein.*

Das ist der Grund, warum wir bei kleineren Wünschen eher die Chance auf Erfüllung haben. Hinzu kommt, dass du weniger daran zweifelst. Du kannst eher in den Glauben gehen, dass genau dies eintreten wird. Je utopischer der Wunsch für dich klingt, desto unwahrscheinlich ist es auch, dass genau dies eintritt, weil es für dich schwieriger ist, in diese Schwingung zu kommen.

> *Wie sehr du an das Eintreten der Erfüllung*
> *glaubst, entscheidet, ob und wie schnell die*
> *gewünschte Veränderung eintritt.*

Du musst dir klar machen, dass ein Zweifel ebenso ein Wunsch ist, wie jeder andere Gedanke auch. Am Anfang ist es, wie gesagt, ziemlich unvorstellbar, an die eigene Schöpferkraft zu glauben, wenn man noch keine Erfahrungen damit gesammelt hat. Aus diesem Grund beginnst du in kleinen Schritten. Je weniger Zweifel, desto besser. So kannst du nach und nach deine Manifestationsgabe erkennen und in der Praxis mit ihr Erfahrungen sammeln.

Ein weiteres Praxisbeispiel ist der Placebo-Effekt. Menschen bekommen bei Krankheit eine Pille, die ihre Heilung verspricht. Die Pille hat jedoch keinen Wirkstoff und die Menschen werden trotzdem gesund. Einfach nur, weil sie daran geglaubt haben.

> *Setzt du eine Absicht, sendet dir das Leben*
> *Möglichkeiten, die du durch dein aktives Zutun*
> *nutzen kannst.*

Durch das Fühlen kann ich die Gewissheit gewinnen, dass ein bestimmtes Ziel vom höheren Selbst vorgegeben wird. So mögen die Bilder und Visionen auch größer sein, als all das, was ich mir bisher vorgestellt habe. Aufgrund des Gefühls der Stimmigkeit kann ich jedoch dem größeren Plan vertrauen und habe mittlerweile keinen Grund mehr, an größeren Vorhaben zu zweifeln.

Du musst es einfach anwenden, lernen und staunen. Wenn du ein Auto hast, kannst du mit dem Wünschen eines freien Parkplatzes beginnen. Oder du nutzt die Absichten, um das Geschehen auf einem Spaziergang oder Einkauf zu beeinflussen. Eine Welle von grünen Ampeln, nette Begegnungen, neue Menschen kennenlernen, das Finden eines Cafés in einer fremden Stadt, sind Dinge, wie du im Alltag dein Schöpferpotenzial im kleinen Rahmen austesten kannst.

Die Zeichen für die größeren Ziele im Leben werden mit dem Praktizieren der Meditation durch Eingebungen und das Folgen der Intuition zu dir kommen. Solange du keine Zeichen vom Leben bekommst, hast du auch keinen Grund dir etwas zu wünschen. Es sei denn, du bist aktuell sehr unzufrieden mit deinem Leben. Dann ist der Weg zuerkennen, wie du dir diese Situation manifestiert hast und was du daraus lernen kannst. Danach machst du dir Gedanken, wie es stattdessen sein soll.

Nutze das Werkzeug deiner Vorstellungskraft für alles, wonach sich dein Herz sehnt. Wenn du das Bedürfnis hast, liebevolle Menschen um dich herum zu haben, stelle dir vor, wie das Zusammensein aussehen soll und gehe in dieses Gefühl. Lebe mit diesem Gefühl, folge deiner Intuition und beobachte, wie sich dein Umfeld auf magische Weise verändert. Lebst du die Liebe in deinem Innern selbst, die du dir von anderen wünschst, wirst du die Menschen automatisch in dein Leben ziehen.

> *Entfache das in deinem Innern,*
> *was du dir von außen wünschst.*

Auch wenn Menschen dich gegenwärtig nicht gut behandeln, kannst du mit einer Selbstreflexion zu deiner inneren Einstellung mehr darüber erfahren, wie du dir dies manifestiert haben könntest.

Zusätzlich hilft es, den Menschen in seiner weisesten Version zu betrachten. Stelle dir den Menschen erleuchtet in seiner bestmöglichen Version vor, voller Weisheit und Liebe. Mit dieser Einstellung gegenüber einem Menschen hilfst du nicht nur deinem Empfinden, sondern auch ihm, um seine eigene Bewusstheit zu entfalten, sich selbst zu erkennen.

> *Wir können einen Menschen niemals ändern, wir können nur eine Brücke für Erfahrung sein. Den Weg muss jeder Mensch selbst gehen.*

Das bedeutet nicht, dass du weiterhin bei ungeliebten Menschen bleibst und darauf hoffst, dass sich das Leben von selbst verändert. Du selbst kannst ebenso der Impuls der aktiven Veränderung sein und das ist auch ratsam. Denn viele vergessen beim vielen Wünschen selbst auch wirklich aktiv zu werden.

Das Tun bringt dir jedoch nur das gewünschte Resultat, wenn du dir vorher Gedanken darüber gemacht hast, was du eigentlich willst. Dann solltest du dich selbst in diese Schwingung begeben und das selbst leben, wie du von anderen behandelt werden willst. Erst in diesem Zustand kann dein Tun wahre Früchte tragen, denn egal ob du aktiv oder passiv bist, das Leben kann dir immer nur das spiegeln, was du im Innern lebst.

~

Viele Menschen bleiben beim Wünschen auch stets im Zustand des Wollen hängen. Sie wollen dies und jenes. Ständig fühlen sie das Gefühl von „Haben-Wollen" oder „Sein-Wollen". Deshalb hier nochmal der Hinweis: Nach dem Spiegelprinzip können sie dadurch nie das erreichen, was sie wollen. Sie strahlen „Wollen" aus und bekommen lediglich Situationen, in denen sie weiterhin im Zustand des Wollens bleiben.

> *Du ziehst nicht an, was du willst, sondern was du bist.*

Der eigentliche Schritt ist, in den Zustand des Habens und Seins zu gehen. Wir stellen es uns vor, wie es ist, das Gewünschte zu haben oder zu sein. Wir fühlen uns so, als wäre es bereits Realität.

Nur so können wir tatsächlich das, was wir wollen, in das Leben ziehen. Wir verlassen den kindlichen Zustand des Wollens und gehen in den Zustand von Haben und Sein. Hier werden wir bereits mit positiven Gefühlen beschenkt und gestärkt, sodass die manifestierte Erfüllung nebensächlich wird. Auf diese Weise lebst du dich zufrieden als bewusster Gestalter deines Lebens.

Das Thema des Manifestierens habe ich im ersten und zweiten Buch (Seite 191) noch genauer beschrieben. Falls du Probleme damit hast, findest du dort weitere Ansätze, warum es nicht klappen könnte und was dir dabei helfen wird.

Schlusswort

Die Kernaussage des letzten Kapitels ist: Das, was dein Leben gerade ausmacht, ist ein Resultat dessen, was du bisher gedacht, gefühlt und somit auch getan hast. Deine Handlungen sind die letzte Instanz deines Vorgehens des Erschaffens. Wenn sie nicht zu einem Leben führen, dass dein Herz erfüllt, geht es darum an den Ursprung des Erschaffens zurückzukehren, um diesen gegebenenfalls zu heilen oder zu verändern.

Dein Denken und Fühlen sowie deren Resultate im Leben, das nicht in Übereinstimmung mit deinem Herzen ist, kann verschiedene Ursachen haben.

Zum einen kann es konditioniert sein. Das bedeutet, du hast es einfach nur von anderen Menschen durch Prägung und Erziehung übernommen. Dann geht es darum dir selbst mithilfe der Kapitel „Selbsterkenntnis: Wach auf" (Seite 30) und „Wahrnehmung: Komme jetzt an" (Seite 58) bewusst zu werden und deine wahre Essenz immer weiter zu erkennen.

Zum anderen kann es ein noch ungelöster Konflikt aus deiner Vergangenheit sein. Hier spielen vor allem die Beziehungen zu den Eltern eine wichtige Rolle, die von deiner Seite aus in den Frieden gebracht werden wollen. Andernfalls gilt, dass alle Schmerzen, die du bisher erleben musstest, auch weiterhin immer wieder gelebt werden, sofern du den Ursprung nicht durchfühlt und liebevoll angenommen hast.

Auf deinem Weg der Selbstverwirklichung werden deine offenen Themen aus der Vergangenheit automatisch ans Tageslicht kommen. Dein Bestreben über dich selbst hinauszuwachsen und dein Potenzial zu entfalten, wird dich mit allen Hindernissen und Blockaden konfrontieren, die in dir noch unbewusst aktiv sind.

Gehst du einfach nur deinen natürlichen Weg der Selbstentfaltung, wirst du mit deinen Schattenseiten konfrontiert. Nimmst du auch diese mutig an und lernst mit ihnen konstruktiv umzugehen, ebnet sich der weitere Weg für dein Wachstum.

Da die Blockaden größtenteils immer nur aus einem Gefühl bestehen, das wir bis dato noch nicht fühlen wollten, ist die Lösung einfach: Fühlen.

Fühlen löst Blockaden.

Im Besonderen macht es also sehr viel Sinn, dich mit dem Kapitel „Körper: Empfindungen spüren" (Seite 75) und „Gefühlskörper: Gefühle fühlen" (Seite 92) zu befassen.

Durchfühlst du alles, was hier und jetzt aufkommt, geschieht deine Heilung von selbst. Dadurch kommst du in einen gelösten und befreiten Zustand, aus dem es dir auch möglich ist, bewusst das zu manifestieren, was du wirklich willst.

Das Wichtigste ist die Verbindung mit dir selbst. Diese wird in jeder Sekunde gestärkt, in der du deine Aufmerksamkeit auf das Spüren deines Körper und das Fühlen deiner Gefühle richtest. Durch den Zustand der urteilsfreien Wahrnehmung tritt Stille im Innern ein.

> *Der Wegweiser durch dein Leben*
> *ist dein Gefühl von Richtigkeit.*

Das ist die Bedingung, in der dein höheres Selbst direkt mit dir kommunizieren kann. Eingebungen und Visionen können auftauchen. Auch wenn sie dir anfangs ungewohnt vorkommen, wirst du beim genaueren hineinfühlen merken, dass sie zu deinem Weg gehören.

Folge dabei einfach deiner Intuition und mache die Erfahrung, dass sich dein Leben von selbst lebt, wenn du deiner inneren Führung vertraust, sowie die ständig auftauchenden Zeichen erkennst und ernst nimmst. Dies ist dir durch Bewusstheit möglich, indem du wahrnimmst, was gerade in dir und um dich herum geschieht.

Gehen wir noch einen Schritt zurück, landen wir bei der Selbsterkenntnis. Wenn du in der Lage bist, deine Gedanken wahrzunehmen, ist der nächste Schritt, die illusionäre Identifikation zu erkennen und zu lösen.

> *Der größte Streich deines Egos ist es, dich glauben*
> *zu lassen, dass du deine Gedanken bist.*

Die Gedanken deines Egos erkennst du sehr einfach daran, dass sie nie zu Liebe führen, wenn du sie zu Ende spinnst oder auf das Gefühl achtest, das diese auslösen. In diesen Gedanken

vergleichst du dich mit anderen, willst besser sein oder siehst dich als Verlierer, du willst kämpfen, Recht haben und deine Meinung mit aller Gewalt durchsetzen.

> *Die Impulse des Herzens führen zu Liebe.*
> *Die Impulse des Egos zum Gegenteil.*

Die Erlösung und Freiheit erwarten dich, wenn du deinen destruktiven Gedanken nicht mehr glaubst und dich auf das Gefühl konzentrierst. Dein Ego möchte dich vor schmerzvollen Gefühlen beschützen. Auf diese Weise bist du aber nicht in der Lage dein wahres Potenzial zu leben.

Die spirituelle Tiefe des Lebens tritt ein, wenn du aufhörst ständig Lust gewinnen und Schmerz vermeiden zu wollen. Diese beiden Mechanismen halten viele Menschen in einem nie enden Kreislauf gefangen.

Gefangen in diesem Kreislauf wird der Mensch durch sein Ego-Denken regiert. Eine Instanz die in Wahrheit nicht wirklich existiert und die der Mensch natürlich auch niemals ist. Trotzdem wird der Mensch von dieser Instanz aus kontrolliert, solange er sich dessen nicht bewusst ist.

Möchtest du die Macht über dich zurückerobern, öffne dich für alle Gefühle, vor denen dich dein Ego-Denken beschützen will, also genauer gesagt, vor denen du Angst hast. Du erkennst diese Impulse daran, dass du die Außenwelt und vor allem deine Mitmenschen kontrollieren willst, um Dinge zu vermeiden, die dich verletzen (könnten).

> *Fühle jedes Gefühl, vor allem deinen Schmerz, und*
> *erwache damit in eine neue Freiheit, in der du vor*
> *nichts mehr flüchten und nichts mehr kontrollieren*
> *musst. All deine Gefühle zu durchfühlen ist das*
> *Mutigste, für das du dich öffnen kannst.*

Wie du siehst, kommst du zu deinem Traumleben in verschiedenen Schritten der Selbsterkenntnis, mit dem Erlernen diverser Fähigkeiten und in der bewussten Anwendung der Lebensgesetze. Ein Leben, mit dem du völlig übereinstimmt und gleichzeitig völlig lebendig bist, ist möglich. An diesem Zustand erkennst du, dass du dich gerade selbst verwirklichst.

In diesem Buch findest du alle Puzzlestücke dazu. Jedes Kapitel ist unersetzbar. Auch wenn du dich aktuell nicht zu allen Themen hingezogen fühlst, wird dies zum gegebenen Zeitpunkt eintreten, wenn du deinen Weg gehst. Möchtest du tiefer gehen, befasse dich wie gesagt mit dem ersten und zweiten Buch (Seite 191).

Vertraue und folge den Zeichen.

Dein Elias.

Über den Autor

Elias Fischer hat seinen Sitz in Berlin und arbeitet als „Begleiter für Selbstverwirklichung". Er unterstützt Menschen darin, sich selbst zu finden und ihr Potenzial zum Ausdruck zu bringen. Dabei greift er auf spirituelle Praktiken sowie Methoden aus der Körperarbeit zurück, die das eigene Bewusstwerden fördern. Zudem lehrt er die Lebensgesetze, um das Leben verstehen und bewusst gestalten zu können. Seine Workshops und Retreats finden ganzjährig in Deutschland und auf Reisen statt.

Weitere Artikel und alle Termine findest du hier:

www.LebeBlog.de

Lass dich unterstützen und abonniere den kostenlosen Emailkurs:

www.LebeMail.de

Ressourcenbereich zum Buch

Grundüberzeugungen auflösen

Zum Abschluss des Buches möchte ich dir noch eine Königsaufgabe weitergeben, mit der du in der Lage bist, wirklich tiefgreifende Wunden in dir zu heilen. Grundüberzeugungen sind besonders tief sitzende Glaubenssätze, die das eigene Verhalten grundlegend steuern können. Sie sind meist in der frühen Kindheit entstanden, als wir hilflos waren und eine Strategie zum Überleben benötigten.

Daraus haben sich grundsätzliche Haltungen geformt, dass z.B. etwas grundlegend falsch sei oder wir uns selbst immer auf eine bestimmte Weise verhalten müssten. Zugrunde liegt auch hier die Todesangst. Wir hatten Angst davor, zu sterben und die Grundüberzeugung hat uns dabei geholfen, über die Runden zu kommen. Es liegt nahe, dass wir diese nun als erwachsene Menschen nicht mehr brauchen, weil sie uns im Wachstum behindert. Wir können dieses alten Muster auflösen, um wieder ins Hier und Jetzt einzutreten.

Grundüberzeugungen sind aufgrund der tiefen Verankerung auch mit überwältigenden Gefühlen verbunden, wenn diese getriggert (aktiviert) werden. Die Stärke der Gefühle kann so groß sein, dass es uns schwerfällt, bei Bewusstheit zu bleiben. Wir sind dazu geneigt, dem Gefühl zu verfallen, das meist mit einer großen Wut einhergeht, unter der sich eine tiefe Angst befindet.

Deshalb siedelt sich die folgende Übung am Ende des Buches an, weil du den nötigen Umgang mit deinen Gefühlen, Empfindungen und Gedanken gelernt haben musst, um deine Grundüberzeugung transformieren zu können.

ÜBUNG: GRUNDÜBERZEUGUNG TRANSFORMIEREN

Immer wenn du mit wirklich starken Gefühlen konfrontiert bist, die an deinem Weltbild rütteln, ist es wertvoll, mit dieser Übung tiefer zu gehen. Gehe dabei die folgenden Schritte:

1. Begebe dich in den Worst Case. Gelange dorthin mit der Frage: „Was ist das Schlimmste, das passieren kann?" Gehe so tief wie möglich.

2. Lade deine Erinnerungen ein. Das sind die Momente in deiner Lebensgeschichte, in denen die Grundüberzeugung entstanden ist. Sei einfach offen in der fühlenden und wahrnehmenden Haltung und beobachte, welche Erinnerungen von selbst auftauchen. Nehme diese liebevoll wahr.

3. Nehme in diesem Prozess immer wieder deinen Körper wahr. Wo spürst du Anspannung, Kälte, Wärme oder Druck?

4. Gehe tiefer in das Gefühl und verstärke es durch eine Körperhaltung, die du dazu einnimmst.

5. Finde den Satz der Grundüberzeugung: „Ich muss/sollte…", „X darf nicht sein" oder etwas anderes.

6. Durchfühle das Gefühl

7. Vergegenwärtige dir, wie die damalige Situation und deine Interpretation für die Grundüberzeugung gesorgt haben und wie sie dein heutiges Leben beeinflussen.

8. Finde einen umkehrenden Satz, der dich erleichtert und mit dem du lieber leben willst, z.B. „X darf sein", „Ich darf so [...] sein" oder etwas anderes.

9. Bedanke dich bei dir selbst für diesen mutigen und aufrichtigen Schritt.

Das Wichtigste bei dieser Übung ist das Durchfühlen des Gefühls und das Erkennen der Zusammenhänge mit deiner Geschichte. Finde die Lösung des „Problems" bei dir, anstatt mit dem Finger auf andere zu zeigen.

Atemmeditation

Diese geführte Meditation hilft dir mit dem vollen und bewussten Atmen innere Anspannungen und Blockaden zu lösen, sowie angestaute Gefühle aus der Vergangenheit zu verarbeiten.

Entfache deine Lebendigkeit
→ http://www.LebeBlog.de/edl

Online-Gefühlskurs

Dieser Video-Onlinekurs hilft dir mit weiteren Lektionen und Übungen, den Kontakt zu deinen Gefühlen zu stärken. Er enthält in der Vollversion auch die Atemmeditation und die bioenergetischen Übungen.

Bewusster Umgang mit deinen Gefühlen
→ http://www.LebeBlog.de/k2

Wünsche und Ziele entdecken

A) Bevor du mit der Mindmap beginnst, solltest du alle Übungen aus dem Kapitel „Wünsche: Erkenne, was du willst" (Seite 138) gemacht haben.

B) Erstelle jetzt deine Mindmap mit der Anleitung im nachfolgenden Kapitel.

C) Diese Aufgaben machst du **nach** der Mindmap zu deinen **„Wünsche und Zielen"**, wenn du auch deine Absicht gefunden hast:

1. **Worst-Case-Szenario**

   Was ist das Schlimmste, was passieren kann, wenn du deiner Absicht folgst? Notiere alles, was dir einfällt.

2. **Best-Case-Szenario**

   Was ist das Beste, was passieren kann, wenn du deiner Absicht folgst? Notiere alles, was dir einfällt.

3. **Ideen sammeln**

   Notiere alle möglichen Schritte und Aktionen, die dir einfallen, um deine Absicht zu erfüllen. Es geht hier nur um das Sammeln deiner Ideen, nicht um einen konkreten Plan oder eine Struktur.

4. **Definiere deine Meilensteine**

   Das sind große Schritte auf dem Weg zu deinem Ziel, zu denen wieder viele kleinere Schritte gehören. Ein Meilenstein ist also eine logische Gruppierung von Schritten, mit denen du einen direkten Überblick über deinen Fortschritt bekommst, so ähnlich wie die Kapitel in einem Buch.

5. **Definiere alle Schritte**

   Schreibe zu allen Meilensteinen die nötigen Schritte auf, die du unternehmen musst. Sortiere sie chronologisch, welcher Schritt nach welchem folgen muss.

6. **Definiere grob die Termine und Zeitdauer**

   Schätze, wie lange du für jeden Meilenstein brauchst und notiere es. Lege fest, wann du mit dem ersten Schritt beginnst.

7. **Just do it!**

   Lege los! Mach dich ans Werk. Deine Mindmap, deine Schritte und deine Zeitplanung kannst du jederzeit verändern und anpassen, wenn du merkst, dass es Sinn macht.

Wünsche und Ziele Mindmap

Erstelle mit dieser Anleitung die Mindmap deiner Wünsche und Ziele.

1. Nimm ein großes Blatt Papier und schreibe in die Mitte „**Wünsche und Ziele**"

2. Füge die folgenden **10 Lebensbereiche** als Knoten davon ausgehend ein:

   a) Emotionen und Gefühle

   b) Familie und Partnerschaft

   c) Freunde und soziale Kontakte

   d) Körper und Sexualität

   e) Gesundheit und Ernährung

   f) Berufung und Leidenschaft

   g) Geld und Materielles

   h) Freizeit und Hobbys

   i) Kreativität und Selbstausdruck

   j) Spiritualität und Gott

3. Male zu jedem Knoten ein Symbol

4. Finde so viele Wünsche und Ziele wie nur möglich. Dies ist ein kreativer Prozess, in dem es erst mal um das Sammeln von Ideen geht. Schreibe, ohne darüber nachzudenken. Das ist wichtig. Dein Kopf soll sich nicht einmischen. Denke nicht darüber nach, sondern sammle einfach nur, was aus dir kommt.

5. Markiere die Wünsche mit **4 unterschiedlichen Farben** nach folgenden Kriterien (ein Wunsch kann auch mehrere Farben erhalten):

    a) Haben c) Geben

    b) Tun d) Sein

6. Unterstreiche die für dich **25 wichtigsten Wünsche**

7. Prüfe: Sind diese 25 Punkte **im Einklang mit deinen Werten?** Wenn nicht, sortiere aus.

8. Wähle nun die **7 wichtigsten Wünsche** und Ziele aus, die aktuell die größte Rolle für dich spielen und als nächstes anstehen. Auch, wenn du gerade noch gar nicht weißt, wie du diese Herausforderungen lösen sollst.

9. Fühle in dich hinein und beantworte zu jedem einzelnen der 7 Wünsche die folgende Frage: **„Was soll es mir geben?"**

10. Nachdem du dir bewusst darüber bist, was dir jeder deiner 7 Wünsche geben soll, entscheide, welchen **einen Wunsch** du als nächstes verwirklichen willst. Definiere hierzu eine positive, super einfache und super prägnante Absicht, die jeder Mensch versteht:

    „Ich habe die Absicht, ..."

Werteliste

Abenteuer
Abwechslung
Anerkennung
Arbeit
Ästhetik
Aussehen
Balance
Begegnung
Begeisterung
Bekanntheit
Bewegung
Bewusstheit
Beziehungen
Disziplin
Echtheit
Effektivität
Ehrlichkeit
Einfachheit
Einfluss
Entspannung
Entwicklung
Erfolg
Erleuchtung
Ernährung
Erotik
Familie
Freiheit
Freude
Freundschaft
Frieden
Führung
Fühlen
Fülle
Fürsorglichkeit
Ganzheitlichkeit
Geborgenheit
Gedankenfreiheit
Gelassenheit
Gemeinschaft
Genauigkeit
Genuss
Gerechtigkeit
Gesundheit
Gewaltfreiheit
Glaube
Großzügigkeit
Harmonie
Heilung
Humor
Intimität
Integrität
Intelligenz
Intuition
Körperkontakt
Kompetenz
Kreativität
Lebendigkeit
Lebensfreude
Lebensqualität
Lebensstandard
Leichtigkeit
Leistung
Lernen
Liebe
Loyalität
Lust
Luxus
Macht
Meditation
Minimalismus
Mitgefühl
Moral
Mut
Nächstenliebe
Naturverbundenheit
Offenheit
Optimismus
Ordnung
Partnerschaft
Phantasie
Präzision
Qualität
Reichtum
Reife
Reisen
Risikobereitschaft
Romantik
Ruhe
Selbständigkeit
Selbstbestimmung
Selbsterkenntnis
Selbstgenügsamkeit
Selbstlosigkeit
Selbstverwirklichung
Selbstwert
Sex
Sicherheit
Sinn
Solidarität
Sparen
Spiritualität
Spontaneität
Sport
Spüren
Toleranz
Unabhängigkeit
Verbundenheit
Verantwortlichkeit
Vertrauen
Wahrheit
Weisheit
Wertschätzung
Wissen
Wohlbefinden
Wohlstand
Zufriedenheit

Weitere Bücher

In diesen Büchern von Elias kannst du die Themen der Selbstverwirklichung vertiefen.

Dinge, die ich mit 18 gerne gewusst hätte

Im **ersten Buch** erfährst du mehr über die Lebensgesetze und die Kraft deiner Gedanken, deine Wahrnehmung und Selbsterkenntnis, Meditation, wie du dich selbst lebst und wie du dein Bewusstsein durch die Ernährung ausdehnen kannst.

ISBN: 978-3-946454-18-2

Zum Buch:
www.LebeBlog.de/18

Dinge, die ich mit 21 gerne gewusst hätte

Das **zweiten Buch** geht noch tiefer auf deine Selbsterkenntnis ein und vermittelt dir einen spirituellen Umgang mit den Leben. Du erfährst viel über die Verbindung und Lösung des Körpers, sowie über die Themen Wünschen, Partnerschaft, Liebe und Sexualität.

ISBN: 978-3-946454-21-2

Zum Buch:
www.LebeBlog.de/21

Übungsverzeichnis

Übung: Reflexion deiner Geschichte ... 20
Übung: Reflexion der Ängste ... 28
Übung: Dich selbst geschehen lassen ... 28
Übung: Was ist wahr? ... 33
Übung: Identifikationen erkennen ... 36
Übung: Bewusstsein erfahren ... 39
Übung: Störende Glaubenssätze eliminieren ... 44
Übung: Ich-Gedanken erkennen ... 47
Übung: Deine Seele erfühlen ... 50
Übung: Warum bist du noch hier? ... 51
Übung: Zoom out ... 56
Übung: Das Leben als Spiel ... 57
Übung: Der neutrale Beobachter ... 68
Übung: Blind führen lassen ... 68
Übung: Tägliches Schreiben ... 71
Übung: Das Bewerten und Vergleichen erkennen ... 74
Übung: Einfache Meditation ... 74
Übung: Körperteile spüren ... 78
Übung: Zirkulierender Atem ... 82
Übung: Voll und tief atmen ... 84
Übung: Schmelzatem ... 88
Übung: Körpermeditation ... 90
Übung: Reflexion der Gefühlswelt ... 99
Übung: Deine Interpretation bewusst machen ... 107
Übung: Das Gefühl einen Satz sagen lassen ... 109
Übung: Vergangenheit loslassen ... 114
Übung: Der Ton zum Gefühl ... 115
Übung: Beim Fühlen begleiten ... 118

Übung: Fühlen, dass du hier richtig bist ... 123
Übung: Loslassen ... 128
Übung: Selbstreflexion zum Empfangen ... 129
Übung: Selbstreflexion zum Kontrollwunsch ... 131
Übung: Slow Motion ... 136
Übung: Meditation als Gewohnheit ... 137
Übung: Dein Leben in 5 Jahren ... 141
Übung: Was soll es mir geben? ... 144
Übung: Dein Lebenssinn erfahren ... 148
Übung: Deine Werte erfahren ... 149
Übung: Deine Bedürfnisse erfahren ... 149
Übung: Deine Vision formen ... 151
Übung: Was ist deine Absicht? ... 153
Übung: Überprüfe deine Absichten ... 155
Übung: Mindmap „Wünsche und Ziele" ... 156
Übung: Unbewusstes Erschaffen überprüfen ... 158
Übung: Deine Einstellung zum Leben ... 159
Übung: Mit dem Leben sprechen ... 172
Übung: Grundüberzeugung transformieren ... 184

Du bist Liebe.
Formlos.
Verbunden
mit der
Unendlichkeit.